宗教右派とフェミニズム

ポリタスTV［編］
山口智美／斉藤正美
津田大介［解説］

青弓社

宗教右派とフェミニズム　目次

第2部　安倍政権以後

——二〇〇〇年代中盤からのバックラッシュ

解説

津田大介 211

装丁——Malpu Design［清水良洋］

はじめに

二〇二二年七月八日の安倍晋三元首相の銃撃事件後、世界平和統一家庭連合（略称・家庭連合。二〇一五年までの名称は世界基督教統一神霊協会。略称・統一教会）がクローズアップされた。一九九〇年のはじめごろには、霊感商法や歌手・俳優の桜田淳子など著名人の合同結婚式への参加が話題になりワイドショーや週刊誌などで統一教会について盛んに報道されていたが、それ以降ほとんど話題になることはなかった。その旧統一教会がいきなり注目されたのだ。そして、宗教と政治の関わりというテーマについてもメディアで語られ始めた。

しかし、統一教会が二〇〇〇年代はじめに特に盛んになった、フェミニズムや男女共同参画への反動（バックラッシュ）の動きの中心的な団体だったことに触れるメディアはほぼ皆無だった。ジェンダーやセクシュアリティ、家族をめぐる政治課題に熱心に取り組み、男女共同参画や性教育、ＬＧＢＴＱ＋の権利などに反対し、政治へのはたらきかけをずっとおこなってきた団体であるという情報は欠落していた。

本書の著者である山口智美と斉藤正美は、荻上チキと共同で男女共同参画や性教育などへの右派によるバックラッシュの調査をおこない、『社会運動の戸惑い――フェミニズムの「失われた時代」と草の根保守運動』（勁草書房、二〇一二年）という書籍にまとめている。宗教右派による男女共同参画や性教育へのバックラッシュに特に焦点を当て、統一教会や関係者らの動きについても二章を費やして扱った。そして、その後も統一教会のLGBTQ＋に関する地方自治体の政策や条例などへの関わりも追い、目立たないものではあったが、記事やインタビューなどで発信してきてはいた。

だが私たちへの取材依頼は全くこなかった。そのことを山口が、さらに旧統一教会報道について斉藤がツイートしたところ、それに反応したのが『ポリタスTV』を主宰する津田大介さんだった。急に『ポリタスTV』に出演することになり、それまでに使ったパワーポイントの資料などを慌ててまとめ、すぐに収録した。話す内容はたくさんあり、番組は予定よりも長引いてしまった。それでも、これまで私たちがやってきたことをまとめただけであり、バックラッシュは二十年近く前の話でもあるので「こんなことすでにみなさん知ってるだろうな。そんなに興味ももたれないのだろうな」などと思いながらの話だった。しかし、その予想は外れた。番組への反響は大きかった。

その反響の多くが「知らなかった」というものだったことは、衝撃だった。それまでそれなりに発信してきたつもりだったが、それはほとんど届いてこなかったということだし、バックラッシュから二十年もたって忘れられていたり、そもそも聞いたこともない人たちが思っていた以上に多かったのだ。

その後、旧統一教会と政治の関わりについて報道が増えていったが、旧統一教会がジェンダーやセクシュアリティに関わる政策に強い関心を注ぎ、ジェンダー平等政策やLGBTQ＋の権利を押し戻してきていることについて扱われることは少なかった。また、旧統一教会だけに焦点が当たるなかで、旧統一教会と連携して反動を起こしてきた日本会議などほかの宗教右派について扱われることも少なかった。『ポリタスTV』出演以降、私たちへの取材や原稿の依頼は確実に増えた。だが、新聞やテレビ報道も多少はあったものの、ほとんどはフェミニズム系や市民運動系、政党系の媒体であり、一般メディアでの取材もフェミニズムやLGBTQ＋の権利に深い関心をもつ女性記者によるものが多かった。広がりという面では限定されていただろう。

本書は『ポリタスTV』の番組をもとに、ジェンダーやセクシュアリティ、家族をめぐる政治や宗教右派の関わりについて、あらためて多くを加筆し、まとめたものだ。二〇〇〇年代初期のバックラッシュについてまとめた『社会運動の戸惑い』刊行からすでに十年がたち、この十年で起きたことも含めてアップデートした内容である。

第1部「安倍政権以前――一九九〇年代後半から二〇〇〇年代初頭のバックラッシュ」では、一九九〇年代から二〇〇五年までのバックラッシュを描き、第2部「安倍政権以後――二〇〇〇年代中盤からのバックラッシュ」では、それ以降、第一次安倍政権から現在までについてまとめた。わかりやすくするため、テーマごとの説明は極力短めにとどめ、市民による勉強会などでも使えるように多くの画像資料を入れた。

一九九〇年代からの三十年にわたり、日本会議や統一教会（二〇一五年からは家庭連合。本書では、名称変更以降については旧統一教会と表記する）などの宗教右派をはじめとする右派勢力が、性教育、選択的夫婦別姓、男女共同参画、官製婚活、家庭教育や「歴史戦」などのテーマにどのように関わってきたのか、それと自民党などの右派政治家や研究者、ジャーナリスト、活動団体などは何を目指し、狙い、どのように連携してきたのかについて振り返ってみたい。それによって、本書は、一連の旧統一教会をめぐるキャンペーン報道のなかでほとんどのメディアが落とし、または重視してこなかったジェンダーやセクシュアリティ、家族をめぐる政治の重要性を浮かび上がらせることを目指している。

なお、本書で使う「宗教右派」という用語は、櫻井義秀がさしあたりの定義としている「保守的思想に基づいて政治活動をなす宗教団体」（櫻井義秀「戦後日本における二つの宗教右派運動――国際勝共連合と日本会議」、櫻井義秀編著『アジアの公共宗教――ポスト社会主義国家の政教関係』〔現代宗教文化研究叢書〕所収、北海道大学出版会、二〇二〇年、一四七ページ）、またそれらの関連団体や運動を総称したものである。特に宗教と関連をもつ団体や個人が、ジェンダーやセクシュアリティ、家族などのテーマに関して、ジェンダー平等やＬＧＢＴＱ＋の権利に反対の立場から政治的な活動をおこなったり、公益財団法人やＮＰＯとして社会的活動をおこなったりしていることに着目している。

櫻井も「さしあたり」のものだとするように、「宗教右派」という概念の限界や安易な使用の問題も指摘されている（塚田穂高「戦後日本における「宗教右派」「宗教右翼」概念の形成と展開」「上越教育大学研究紀要」第四十巻第一号、上越教育大学、二〇二〇年）。「右派」と「左派」もはっきり区分できないことも多々あり、バックラッシュに関わる勢力のすべてが「宗教右派」というわけではなく、宗教とは直接関係がない団体やメディア、個人も多く関わっている。アメリカなど海外の「宗教右派」と日本の右派による政治活動は異なるが、同時に日本の右派もグローバルな反ジェンダー運動の一部でもある。

一九九〇年代から現在に至るジェンダーやセクシュアリティ、家族をめぐるバックラッシュでは、日本会議や旧統一教会をはじめとした「宗教右派」勢力が中心的な役割を果たしてきたことは疑いがない。本書では、こうした「宗教右派」がほかの勢力と連携しながらバックラッシュの政治で果たした役割を検証する。

なお、本書は山口と斉藤が原稿の読み合いと検討を重ねた共同執筆なので、各項目に筆者名を明記しないで二人の共著としている。また、本文中の敬称はすべて省略した。

第1部　安倍政権以前

——一九九〇年代後半から二〇〇〇年代初頭のバックラッシュ

バックラッシュのはじまり

一九九九年、男女共同参画社会基本法が施行され、二〇〇〇年以降、男女共同参画推進条例策定の動きが地方自治体に広がった。各地に男女共同参画センターも建設され、啓発事業がおこなわれるようにもなった。男女共同参画の動きが進むなかで、地方での条例制定をきっかけとして右派による反動が起きた。こうした右派の動きは、フェミニストによって「バックラッシュ」、あるいは「ジェンダー・バックラッシュ」「ジェンダー・バッシング」などと呼ばれてきた。「ジェンダー・バックラッシュ」や「ジェンダー・バッシング」という表現は、攻撃の対象になったのは「ジェンダー」概念だったという印象を与えるが、実際にはそれだけではなく、セクシュアリティ、民族、障害などさまざまなことがバッシングの対象になっていたことから、本書では「バックラッシュ」という言葉を使う。

男女共同参画推進条例の制定はバックラッシュが広がる大きな契機になったが、一九九〇年代からすでに反動は起き始めていた。性教育、選択的夫婦別姓、日本軍「慰安婦」問題などへの攻撃を皮切りに、九〇年代の終わりには石原慎太郎都政下の東京都で男女共同参画が叩かれ始めた。二〇〇〇年代に入り、男女共同参画推進条例制定の流れが地方に広がるとともに、バッシングも拡散・拡大していく。男女共同参画施策や性教育への攻撃も悪化していった。自民党も〇五年、安倍晋三・山谷えり子両議員が中心になり、「過激な性教育・ジェンダーフリー教育実態調査プロジェクトチーム」を設置するなど、バックラッシュを先導した。そして〇五年十二月の第二次男女共同参画基本計画の制定は右派が一定程度満足する内容になった。これを機に反動の動きは落ち着きを見せ始め、〇六年、バックラッシュのリーダーだった安倍晋三が首相に就任したことで、ジェンダーやセクシュアリティをめぐる政治は新たな局面に入っていった。

これら一連の動きを先導したのが、日本会議や統一教会などの「宗教右派」勢力や、連携して動いた右派の議員、「産経新聞」などの右派メディア、インターネットの掲示板やブログのユーザーたちだった。

第1部では、一九七〇年代から八〇年代の動きを概観したうえで、九〇年代から二〇〇五年までの右派によるジェンダーやセクシュアリティをめぐる動きに焦点を当てる。

前史——ウーマンリブ、第二波フェミニズムの広がり

日本でも、一九七〇年ごろから学生運動やベトナム反戦運動などの新左翼運動に参加していた女性たちを中心に、女性だけが飯炊きや性の対象とされることから運動のなかの性差別を問う動きが全国各地で起きた。それまでの第一波フェミニズム運動が女性参政権など法律上の男女平等を求める運動を中心に活動してきたのに対し、この第二波フェミニズム運動は、リブ新宿センターなどが連帯して優生保護法改悪の動きを阻止し、レイプや性暴力など性や身体に関わる社会規範を問題にするほか、妻・母・娼婦など社会や家族での女

性の役割が社会規範になっていることについて鋭く問題提起をおこなった。またこれまでの社会運動の多くがピラミッド型組織によるものが多かったのに対し、個人あるいは少人数のグループがそれぞれ独自に問題提起や行動をすることによって動きが広がっていったという点に特色があった。

一九七〇年八月、アメリカでは女性参政権五十周年を祝い、全米各地で女性たちが大規模なストライキとデモをおこなった。日本のメディアもこの動きを春ごろから大々的に報道した。その記憶も残るなか、都内でのリブの動きを詳細に取り上げた「朝日新聞」の最初の記事が「ウーマン・リブ〝男性天国〟に上陸」(「朝日新聞」一九七〇年十月四日付)だったこともあり、一部でリブはアメリカ発で日本に「上陸」したという誤解が広まったが、実際には北海道から九州まで少人数だが萌芽は随所で現れていた。「朝日新聞」の一連の記事が要因になり、女性解放運動 Women's Liberation の和製英語である「ウーマンリブ」という言葉が定着していった。

第二波フェミニズムを背景とする運動が世界各地で起き、その流れは国連にも及んだ。国連は一九七五年を「国際女性(婦人)年」と宣言し、メキシコで世界会議を開催して世界行動計画を決定した。七九年には「女子に対するあらゆる形態の差別の撤廃に関する条約」(女子差別撤廃条約)を採択するなど、性差別の撤廃を図っていく動きにつながった。

日本でも国際女性(婦人)年が注目されるなかで、一九七五年には「国際婦人年をきっかけとして行動を起こす女たちの会」(のち、「行動する女たちの会」)が結成され、「私作る人、僕食べる人」というラーメンのコマーシャルの性別役割分業への抗議など女性差別を告発し、制度を変えていく運動をおこなった(一九九六年に解散)。

一九七〇年代末には国際女性学会、日本女性学会、日本女性学研究会などが相次いで設立され、また一部の大学で女性学を開講するところが生まれるなど、フェミニズムの問題意識から男性中心主義の知を批判し性差別構造の解明を目指す女性学が盛んになった。八〇年代には、フェミニズムはメディアなどでも広がりをもつようになった。八九年には福岡セクシュアル・ハラスメント裁判が起きるなど、性暴力やセクハラを裁判で訴える動きも起きた。

一九八五年には日本が女子差別撤廃条約の批准に向けた国内法の整備として、募集・採用から定年・退職・解雇に至る女性差別を禁止するものとして男女雇用機会均等法が制定された。事業所には、募集・採用、配置・昇進で機会や取り扱いを均等にする「努力義務」が課された。だが「私たちの男女雇用平等法をつくる会」などの女性運動が求めた雇用平等法ではなく、罰則がない機会均等法になって、総合職・一般職というコース別雇用がとられる一方、性別職域分離は解消されなかった。女性団体や労働団体からの強いはたきかけによって九七年に同法は禁止規定へと改正された。八五年には男女雇用機会均等法とともに、不安定な雇用を増やす労働者派遣法が制定された。当初は職種が限定されていたが、その後拡大していった。女性の正規雇用は派遣労働に代替され、男性も含め非正規雇用が拡大することにつながった。

一九八九年には宇野宗佑首相の買春スキャンダルに対して強い反対運動が起き、宇野首相は二カ月あまりで退陣した。さらに九〇年前後には、若い未婚女性を外見の美しさによって評価するミスコンテストへの反対運動や、女性の性を断片的に切り取りモノに還元するという「性の商品化」批判も起きた。

こうした女性の動きも影響して一九八九年には、女性では日本で初めて党首になった土井たか子率いる社会党が参議院選で自民党を過半数割れに追い込み「マドンナ旋風」と呼ばれる躍進を遂げた。

ウーマンリブ運動については、一九七〇年半ばで歴史の表舞台から去っていったといわれることもあるが、女性の性や身体の自由や解放を求める運動は、向き合う課題やテーマは多少異なってもとどまることなく湧き上がり続けた。

優生保護法改悪運動と生長の家

敗戦までの日本、とりわけ戦時中は、「人的資源」確保のために母子保護や多子家庭の表彰などを通じて多産が奨励される一方で人工妊娠中絶の取り締まりを強化し、刑法堕胎罪を運用するなど「産めよ殖やせよ」が奨励される「産児報国」（女の役割は子どもを産むことであり、それによって国家に貢献する）政策を強力に推進した。それを末端で担った組織の一つが、官製女性団体である大日本婦人会だった。女性自らが国家の人口政策の担い手として動員されたのである。

しかし一転して戦後は、食糧難などから人口抑制策に転じ、一九四八年「優生上の見地から不良な子孫の出生を防止する」「母性の生命健康を保護する」という優生保護法を成立させた。

出生率の低下が議論になるなか、一九六九年には、中絶に反対する宗教団体・生長の家系の国会議員から優生保護法を改悪し、人工妊娠中絶にストップをかけようとする動きが起きた。「人間は神の子である」という教義から、優生保護法の改正を政治活動の目的の一つとする生長の家は、生長の家政治連合を組織して六八年から六九年の国政選挙で自民党議員を選挙で支援するなど優生保護法改正に向けて準備していた。七二年の優生保護法改悪法案は、「経済的理由」の削除、「胎児条項（胎児に障害のある場合に中絶許可）」の新設、優生保護相談所の業務として、適切な年齢で初回出産がなされるように助言・指導をおこなうことをその内容として国会に上程された。

こうした動きに対して、ウーマンリブ運動が「女の性＝生が一生涯にわたって管理・抑圧されていく」と反対した。障害者団体も、障害がある胎児なら中絶できるという条項は障害者を「不良な子孫」として抹殺するものと受け止め反対した。

だが「産むか産まないかは女が決める」などと中絶の権利を主張するリブに対して障害者団体は、「わたしたちは生まれてこなければよかった存在なのか」と「選択的中絶（障害胎児の中絶）」をする権利も女がもつのかとリブの女性たちを問い詰めた。リブのなかには障害をもつ女性もいた。リブは「女の身体が主戦場」になっているという認識から批判を受け止めた。そして自分たちが本当に「中絶を選択した（中絶は女の権利）」と言い切れるのかと自問し、「産んでは企業の労働力として吸収され、産まないを選択しては医者を儲けさせ、そして己は安いパートとして搾り取られる」などと「中絶を選ばざるを得ない社会状況こそ問題」であるという怒りを募らせ、「育児・避妊を女だけに押しつけるな！」「男の避妊を開発せよ！」なども主張した。そして「産める社会を！　産みたい社会を」などを新たなスローガンに掲げ、障害者運動とも共闘した（引用はすべて溝口明代／佐伯洋子／三木草子編『資料日本ウーマン・リブ史Ⅱ 1972-1975』松

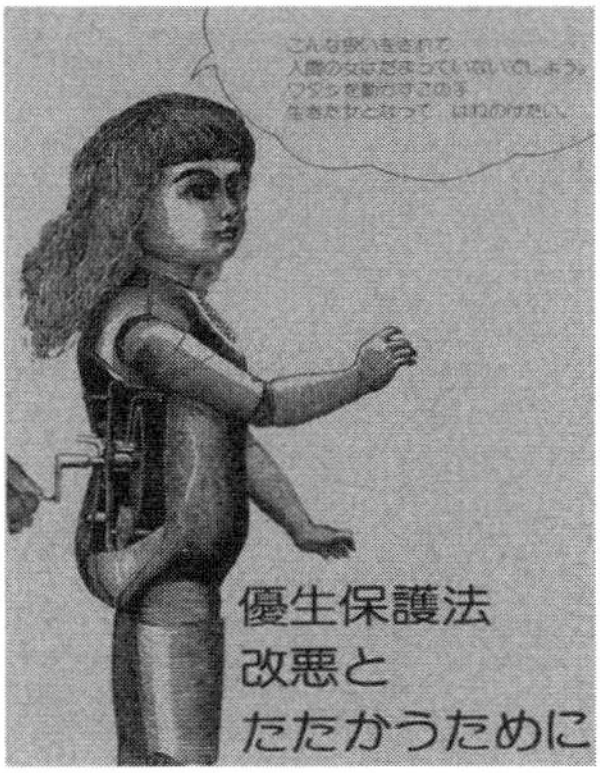

図1　優生保護法改悪＝憲法改悪と闘う女の会のパンフ「優生保護法改悪とたたかうために」

香堂書店、一九九四年、一七八ページ)。

産婦人科医団体や医師会などの反対も根強く、彼らをバックとする自民党議員などの政治状況もあり、改悪案は廃案になった。一九七三年に再上程されたが、七四年に審議未了で廃案になった。

出生率低下への関心が再び高まった一九八〇年代にも生長の家から優生保護法を改悪しようとする動きが起きたが、これまでのように産婦人科医団体や医師会の反対が強いことに加え、女性たちが'82優生保護法改悪阻止連絡会(阻止連。のち「SOSHIREN 女のからだから」)を結成するなど反対の動きは広がりをみせた。反対運動の盛り上がりに脅威を感じた自民党は改正の動きをストップさせた。生長の家は、こうした政治の動きに幻滅し、反中絶運動などの政治活動から撤退した。その一方で、一九九〇年代に設立された日本会議の事務局の要職に生長の家出身者が多く就いていて、その後も中絶やリプロダクティブ・ヘルス/ライツ(性と生殖に関する健康と権利)など女性の自己決定権に関わるさまざまな動きに影響を及ぼし続けている。

「家庭基盤充実政策」と、それに抵抗した女性運動

一九七九年六月、大平正芳内閣は自民党内に特別委員会を設置し、「家庭基盤の充実に関する対策要綱」を発表した。「日本型福祉社会の創造」を掲げ、「責任と負担・自助・相互扶助」を強調し、福祉の担い手を国家よりも個人や家庭、地域などに想定するものだった。重点政策として、家庭教育の強化、「家庭の日」の設置などが挙げられていた。

この政策が福祉の切り捨てであり、「家庭は女が守るもの」という性別役割分業を助長するものだと抗議を展開したのが「国際婦人年をきっかけとして行動を起こす女たちの会」である。自民党に抗議文を出し、全政党に対して公開質問状を出して回答を求め、抗議集会も開いた。反対が広く巻き起こった「家庭の日」は、結局見送られた。

「国際婦人年をきっかけとして行動を起こす女たちの会」による批判

一九八〇年二月二日集会報告「Uターン禁止!! なぜ「家庭の日」なのか——「福祉の切り捨て」「家庭に帰れ」は許さない！」（渋谷勤労福祉会館）

「大平首相は「充実した家庭は日本型福祉の基礎である」と述べ、個人と家庭の責任において福祉問題を解決しなければならないと、あきらかに旧来の家族制度を利用して福祉を切り捨てようとしています」

「政府は経済低成長に対応するために、世界の潮流に逆っても、女を家庭に引き戻し（人員の合理化）、福祉の切捨てを図り一石二鳥をねらっているのです。女の自立をはばむ政策や思想攻撃に対して、私たちは、とても許すことはできないのです」

「6　福祉のために「国民個々人の自助努力」が必要であるように書かれていますが、自助努力だけではすまないところに福祉社会をつくる必要性があるのではないでしょうか」（各党に対する公開質問状、一九七九年十二月十八日）

（「国際婦人年をきっかけとして行動を起こす女たちの会」活動報告」一九八〇年三月号）

一九八〇年五月には、大平首相の私的諮問機関の研究グループが「家庭基盤充実のための提言」を提出した。「家庭」は社会の最も大切な基礎集団であると規定し「日本型福祉社会」と「家庭基盤充実」政策を打ち出す内容だった。だが、六月に大平首相が急死し、大平内閣で展開されることはなかった。「日本型福祉社会」構想は見過ごせないと評論家の樋口恵子の呼びかけのもと、一九八三年に「高齢化社会をよくする女性の会」（のち、「高齢社会をよくする女性の会」）が立ち上がり、現在も活動を続けている。

家庭基盤充実政策は、その後の中曾根康弘時代の臨時教育審議会にも受け継がれ、家庭教育支援法制定や憲法第二十四条「改正」案などの、現在の右派が目指す「家庭」関連政策の源流になった。八木秀次（麗澤大学教授）や高橋史朗（麗澤大学院特別教授）など右派の論者も大平時代の家庭基盤充実政策を高く評価していて、旧統一教会の関連団体である平和大使協議会も、「家庭基盤充実と「家庭」を単位とした国づくり・法制化運動」を活動目的として掲げている。一九八〇年に頓挫した「家庭の日」だったが、第一次安倍政権時代の二〇〇七年に「家族の日」と「家族の週間」が制定され、毎年啓発イベントがおこなわれている。

家庭基盤充実政策についての八木秀次、高橋史朗による言及

八木秀次

「キーワードは「日本型福祉社会の建設」だ。（略）

つまり、日本型福祉は国家が主体となるのではなく、その前に家庭や地域、企業などが福祉の担い手として期待される、国はその基盤を充実させる政策を採るべきという政策提言をしている。（略）

このように八〇年代、大平内閣の提唱による家庭基盤の充実政策、具体的には国として家庭を税制面で支える、また専業主婦については老齢年金で優遇しようという政策が拡充された。大平内閣から始まった一連の政策は、かなり先見性があった」

（「「家庭基盤の充実」政策で国家崩壊の危機乗り越えよ」二〇一一年十一月二十一日、平和政策研究所〔https://ippjapan.org/archives/16〕［二〇二三年七月十日アクセス］）

「仮に配偶者控除を見直すにしても、夫婦単位か家族単位の課税にして結婚や出産へのインセンティブ（動機付け）を誘導することの方が少子化対策には有効であり、「家族の価値」を重視し、大平正芳内閣前後の自民党の「家庭基盤の充実」政策を正確に理解している安倍首相に相応しい政策であると思われる」

（「フェミニズム革命迫る 女性も「育児より働け」法案に異議あり」「正論」二〇一四年八月号、産経新聞社）

高橋史朗

「「自助から共助、共助から公助」への「日本型福祉社会」の実現を目指し、「家庭基盤の充実」を重視した大平正芳政権の政策を再評価し、経済優先の価値観とは異なる幸福の物差しを取り戻し、家族（親子）の絆を再生する少子化対策のパラダイム転換が必要だ」

（「「無償化」政策に欠ける視点」「産経新聞」二〇一八年二月二十一日付）

「従来の日本の行政においては、家庭政策が縦割りの行政でバラバラに所管されてきたが、大平正芳政権下において、家庭に関連する総合的な政策を検討するために、各省庁を横断的に結び付けた省察的・学際的なプロジェクト・チームが結成され、政府部内に縦割り行政を排した「家庭基盤充実構想連絡会議」が設置され、大平総理の政策研究会・家庭基盤充実研究グループが「家庭基盤充実のための12の提言」を行った。（略）

これらの提言を踏まえ、一刻も早く国は議員立法で教育基本法を具体化するための「家庭教育推進法」の制定と同法に基づく「家庭教育推進基本計画」を策定し、必要な財政上の措置を講ずる必要がある。議員立法は多数あるが、官僚による寝技で骨抜きにさせないためには、今までのシステムのどこを変えるのかを明確にし、具体的に予算化する必要がある」

（「親学推進協会メールマガジン」第六十号、二〇一五年一月十五日）

「昭和四十六年六月、文部省の中央教育審議会は「今後における学校教育の総合的な拡充整備のための基本的施策について」答申し、明治と戦後に続く「第三の教育改革」の施策を提言した。（略）この四十六答申を高く評価した学習院大学の香山健一氏が幹事としてまとめたのが「大平総理の政策研究会報告書3『家庭基盤の充実』」（昭和五十五年）であり、臨教審論議にも受け継がれた。「親学」の源流の一つは同報告書にあり、親学関係者必読の書である」

（「親学推進協会メールマガジン」第九十九号、二〇一八年四月十六日）

「香山教授は中曾根政権のブレーンであったが、大平政権のブレーンでもあり、「日本型福祉社会」や「家庭基盤の充実」に関する、官邸（首相補佐官）主導の官民一体チームの研究会を牽引し、その研究成果は自民党から単行本として出版されており、必読文献である。

とりわけ家庭基盤充実対策本部の本部長に大平総理就任が決定していたことは注目に値するが、ご逝去によって実現しなかったことは誠に残念であった。しかし、国を挙げて家庭基盤の充実に取り組む基本理念・方針は安倍政権に受け継がれ、教育基本法の改正、教育再生会議の発足につながった」

（「安倍元首相との対談から教育改革の志の原点を探る」二〇二三年一月十二日「モラロジー道徳教育財団」〔https://www.moralogy.jp/salon230112-01/〕［二〇二三年七月十日アクセス］）

「国際女性（婦人）年」と男女共同参画

一九六〇年代後半からのフェミニズム運動の盛り上がりを受け、国連は七五年を「国際女性（婦人）年」と宣言し、メキシコシティで第一回の世界女性会議を開催し、世界行動計画を決定した。これによって、八五年までを「国連女性（婦人）の十年」とし、固定化された性別役割分業の撤廃など女性の地位向上に取り組むことになった。

その後、一九七九年には「女子に対するあらゆる形態の差別の撤廃に関する条約」（女子差別撤廃条約）を採択するなど、性差別の撤廃を目指す取り組みが次々と提起された。日本政府は、こうした国連の決定事項を国内政策に取り入れるため、七五年に婦人問題企画推進本部とその事務局として婦人問題担当室を置き、婦人問題企画推進会議を開催することにした。八〇年にはコペンハーゲンで第二回、八五年にはナイロビで第三回世界女性会議が開催された。八五年に日本が女子差別撤廃条約を批准するのに備えて、八四年に国籍法を改正し父系血統主義から父母両系血統主義にした。雇用や昇格その他あらゆる面で男女差別があったので、八五年に男女雇用機会均等法を制定し、九四年には女子だけ必修だった家庭科を男女共通の必修科目にした。八〇年代後半には、「国連女性（婦人）の十年」（一九七六―八五年）を経て、国や地方自治体が女性政策を展開する拠点として女性（男女共同参画）センターを建設する動きも起きた。

一九九四年、カイロで開催された国際人口・開発会議の行動計画に「万人が保証されるべき性と生殖に関する健康と権利」として「リプロダクティブ・ヘルス／ライツ」が入った。九五年には北京で第四回世界女性会議が開かれ、十二の重大問題領域で戦略目標と行動を挙げた北京行動綱領が採択され、日本国内でも男女共同参画の行動計画が策定された。北京女性会議には、日本からも多くの女性たちがＮＧＯとして参加した。

日本でも一九九九年、文部科学省の『学校における性教育の考え方、進め方』（ぎょうせい）で、「思春期の若者のリプロダクティブ・ヘルスの問題（性行動、望まない妊娠、安全ではない人工妊娠中絶、性感染症）などへの取り組みが必要」（二ページ）と明記された。さらに二〇〇〇年、第一次男女共同参画基本計画にもリプロダクティブ・ヘルス／ライツが位置づけられた。

一九九〇年代は自民党が社会党、さきがけとの連立政権を組むなどしていて、連立政権では土井たか子、堂本暁子らが党の代表的な地位を占めていて、男女共同参画の法制度化に向けて尽力した。

また、一九九九年には男女共同参画社会基本法が制定された。前文には、「男女が、互いにその人権を尊重しつつ責任も分かち合い、性別にかかわりなく、その個性と能力を十分に発揮することができる男女共同参画社会」という文言が入っている。これは、のちに右派が「性別にかかわりなく」という表現を「ジェンダーフリー」という用語と結び付け、男女共同参画社会基本法が「男らしさ女らしさ」や「男女の区別」を否定する「行き過ぎた」ものだという批判を展開することにつながる。

一九九〇年代のバックラッシュ

性教育バッシング

一九八七年、日本人女性初のエイズ患者の発生が発表されたことで「エイズ・パニック」が起き、HIV/AIDSについての無理解による差別や偏見が深刻化した。そして九二年、新学習指導要領のもとで「性」の学習を小学校に導入し、「性教育元年」としてメディアに注目された。

一九九二年、教育学者の高橋史朗が「週刊文春」六月十一日号（文藝春秋）誌上で「小学校の「性交教育」これでいいのか」と題して性教育を批判し、特に〝人間と性〟教育研究協議会（性教協）による性教育の実践や中心的人物だった山本直英を批判。高橋は「文藝春秋」一九九二年九月号（文藝春秋）にも「性教育元年 自慰のススメと革命のススメ」を、さらに翌九三年には「中高生にそこまで教える必要があるのか——コンドーム教育に異議あり」と題する記事を「週刊文春」一九九三年一月二十八日号に執筆した。さらに九四年には『間違いだらけの急進的性教育——エイズ・性をどう教えるか』（黎明書房）という書籍も出

小学校の『性交教育』これでいいのか

問題提起

高橋史朗（明星大学教授）

この四月から新学習指導要領の導入に従って全国の小学校で「性教育」が実施されている。「事実を教えることが子供のニーズ」と主張する性教育推進派の教師たちは、性に無関心な生徒にまで「性交」を教え、「避妊」を説く。一足飛びに「性交教育」とは性急に過ぎないか

図3 「週刊文春」1992年6月11日号、文藝春秋

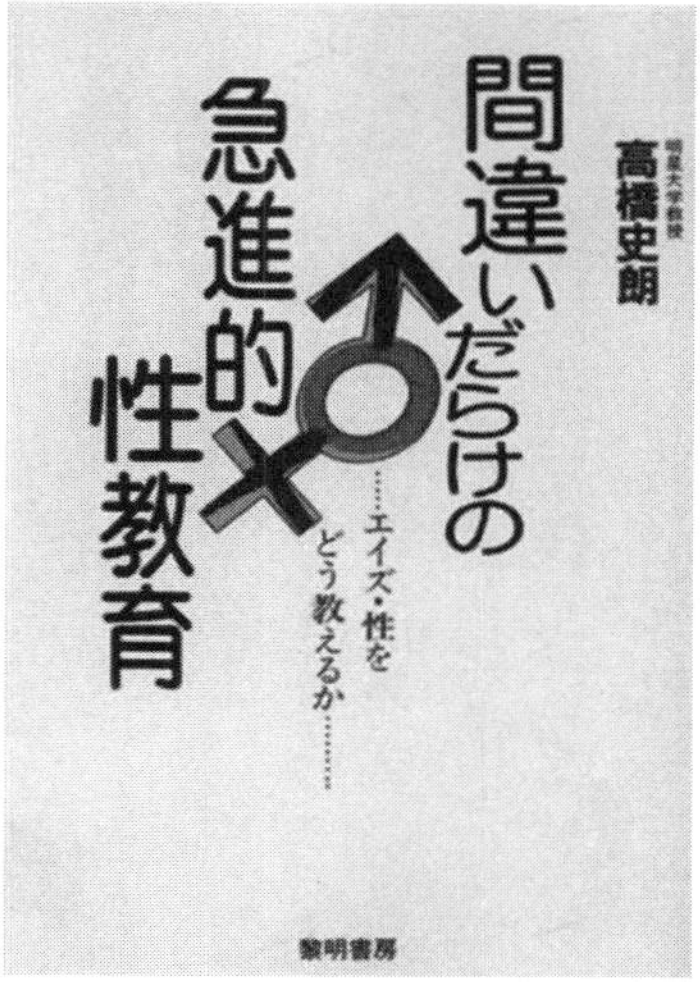

図2 高橋史朗『間違いだらけの急進的性教育――エイズ・性をどう教えるか』黎明書房、1994年

版し、一貫して性教協などがおこなう性教育を「急進的」な「思想教育」だとして批判し続けた。

統一教会も、関連団体である世界平和女性連合の教育講演会や機関誌「Ideal family」（ノートルモンド社）、東西南北統一運動国民連合の教育講演会や雑誌「Enichi」（圓一出版）などで盛んに性教育批判を展開していた（高柳美知子「文部省版性教育元年で見えてきたこと――性教育をめぐる情勢をどうつかむか」、浅井春夫編著『時代と子どものニーズに応える性教育――統一協会の「新純潔教育」総批判』所収、あゆみ出版、一九九三年）。また、東西南北統一運動国民連合は、性教協の山本直英・高柳美知子が監修した性教育副読本『ひとりで、ふたりで、みんなと――性ってなんだろう』（東京書籍編集部編、東京書籍、一九九一年）に対抗して、『人間っ

てすばらしい』（東西南北統一運動国民連合、出版年不明）と題する読本を出し、各地の子ども向けに開いていた「土曜塾」のテキストとして使っていたという（浅井春夫「『ひとりで、ふたりで、みんなと』vs『人間ってすばらしい』——統一協会版「新純潔教育」副読本批判」、前掲『時代と子どものニーズに応える性教育』所収）。

二〇〇〇年代に入って激化した性教育バッシングは、こうした一九九〇年代の性教育批判からつながって起きたものだといえるだろう。

選択的夫婦別姓への批判

一九九五年九月、法制審議会民法部会の中間報告が発表され、九六年に法務大臣の諮問機関・法制審議会が、選択的夫婦別姓制度を盛り込んだ民法改正案を含む答申をまとめた。これに対し、右派は「家族の絆を守り夫婦別姓に反対する国民委員会」（渡部昇一代表ら）を結成（一九九五年）し、反対運動に取り組むようになる。

一九九六年春には「日本の教育を考える母親の会」「夫婦別姓に反対する女性フォーラム」を結成して集会を開催、九七年には長谷川三千子、高橋史朗らと書籍『ちょっとまって！夫婦別姓——家族が「元気の素」になる』（日本教育新聞社出版局）を出版、別姓制度が導入されると日本の「倫理の源泉」としての家族の機能や、家族の絆が失われると主張した。同年には日本会議が夫婦別姓反対の緊急女性集会を開催するなど、女性を中心とした別姓反対運動がおこなわれるようになる。

一九九七年五月に「日本を守る国民会議」と「日本を守る会」が合併して日本会議が設立された。設立当初の会長はワコール会長の塚本幸一で、稲葉興作、三好達を経て、二〇二三年六月現在の会長は田久保忠衛である。そして事務総長には、生長の家の学生運動出身者らが中心の右派団体・日本青年協議会の会長でもある椛島有三が就任した。日本青年協議会（二〇〇五年から日本協議会を設立し、日本青年協議会は一部門という位置づけに）と日本会議の事務所は同じ建物の同じ階にあり、これらの団体の関係は近い。

日本会議は「夫婦別姓に反対する運動」を主な「国民運動」の一つとして位置づけ、選択的夫婦別姓制度の導入に反対する運動に取り組んだ。事務総長の椛島は、夫婦別姓の導入は「家族関係破壊をめざす（左派の）戦略の第一歩」であり、それを許せば旧ソ連の革命時のように「離婚、不倫、少年非行の横行」になると述べる（椛島有三「夫婦別姓制と旧ソ連の家族解体――推進論者は何を狙っているか」「祖国と青年」一九九六年三月号、日本協議会）。このように、一九九〇年代半ばから右派は夫婦別姓制度の導入によって、伝統的な家族制度が破壊されると主張してきた。

図4　長谷川三千子／市田ひろみ／高橋史朗／木村治美『ちょっとまって！夫婦別姓――家族が「元気の素」になる』日本教育新聞社出版局、1997年

二〇〇一年に日本会議の女性部門・日本女性の会が設立されると、同会が別姓反対運動の中心的役割を果たすようになった。日本会議を中心とした右派は、国会陳情活動や地方議会への別姓反対の意見書採択へのはたらきかけ、署名活動や集会の開催などを展開していった。

一九九〇年代から日本会議が夫婦別姓への反対運

動を展開するなかで議員・首長などの政治家と保守運動家、メディアなどの強力なネットワークを構築してきたことは、二〇〇〇年代のバックラッシュを強力に進めていく基礎になった。

「日本の教育を考える母親の会」とは

『ちょっとまって！夫婦別姓』の表紙に著者として大きく名前が出ているのは長谷川三千子、市田ひろみ、高橋史朗、木村治美の四人だが、書籍作りの中心を担ったのは「日本の教育を考える母親の会」や「夫婦別姓に反対する女性フォーラム」の女性たちで、書籍冒頭には「母親の会」の座談会を掲載している。「あとがき」のなかで木村治美は、書籍作りの中心になった「母親の会」や「女性フォーラム」の女性らは「普通に生きる普通の女性たち」だと書いているが、「母親の会」のメンバーとして紹介されたなかで少なくとも三人は、日本会議や日本女性の会で組織の事務局の中心を担ったり、講師などを務めてきたりしたことが確認されている。

また、まえがきにあたる「母親の会」と「女性フォーラム」が書いた「この本を読んでくださる方へ」で、両団体は「私たちは、公民館で日本の古典文学を学ぶ女性の集まり」だとし、「ここ数年は古事記の学習を行い」と記している。『古事記』の学習というのは、谷口雅春を信仰する宗教右派系の団体をはじめとした右派団体がよくおこなう活動だ。

書籍に記された「日本の教育を考える母親の会」メンバー十一人のうち、日本会議に関連する活動をおこなってきたことが明らかになっているのは以下の三人である。

・岡本明子　ジャーナリスト。日本会議、日本女性の会、ＦＡＶＳ（家族の絆を守る会）などで活動。別姓阻止運動をはじめとした「バックラッシュ」や「歴史戦」で大きな役割を果たし、ネット上でも活動。

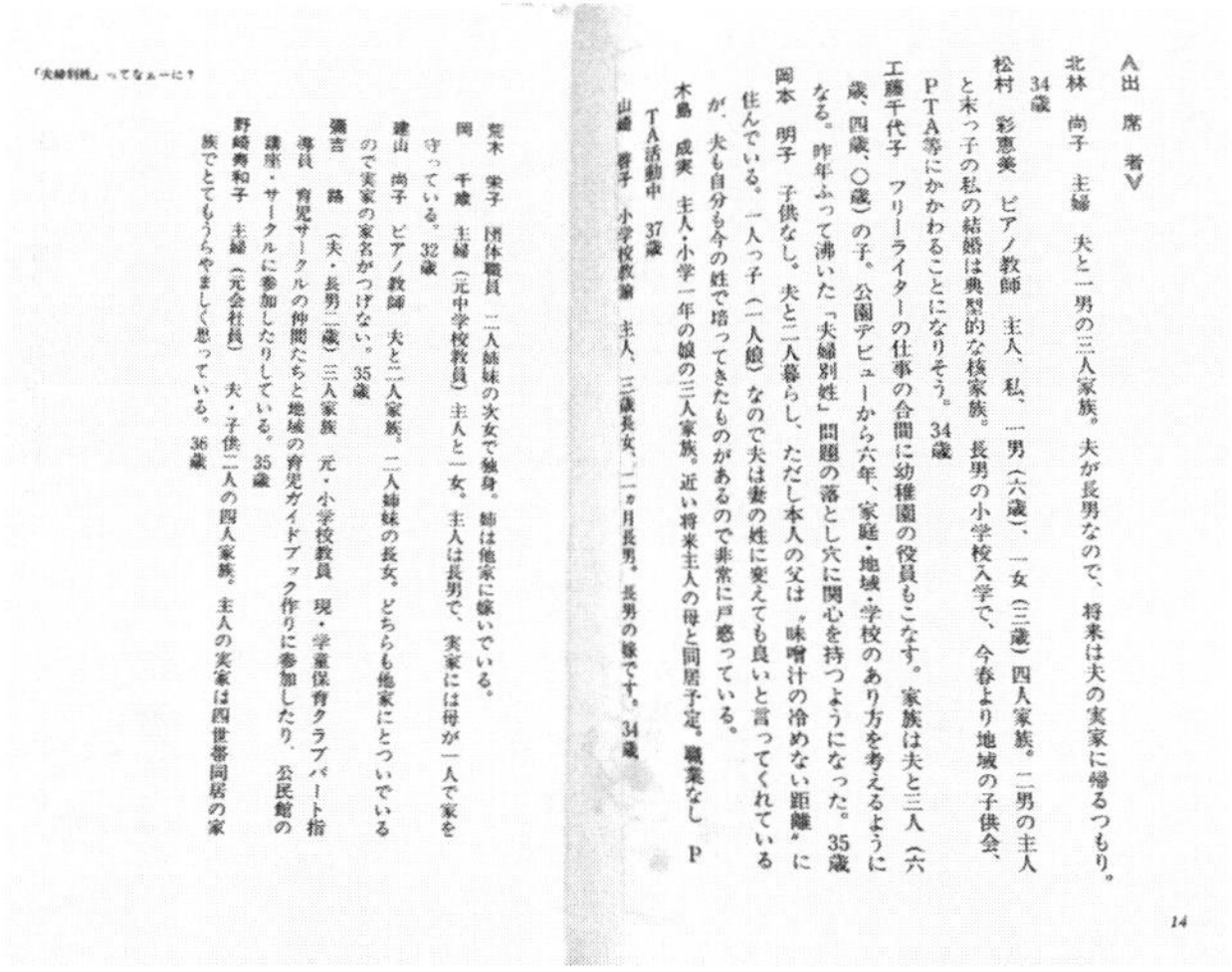
＜出　席　者＞
北林　尚子　主婦　夫と一男の三人家族。夫が長男なので、将来は夫の実家に帰るつもり。34歳
松村　彩恵美　ピアノ教師　主人、私、一男（六歳）、一女（三歳）四人家族。二男の主人と末っ子の私の結婚は典型的な核家族。長男の小学校入学で、今春より地域の子供会、ＰＴＡ等にかかわることになりそう。34歳
工藤千代子　フリーライターの仕事の合間に幼稚園の役員もこなす。家族は夫と三人（六歳、四歳、〇歳）の子。公園デビューから六年、家庭・地域・学校のあり方を考えるようになる。昨年ふって沸いた「夫婦別姓」問題の落とし穴に関心を持つようになった。35歳
岡本　明子　子供なし。夫と二人暮らし、ただし本人の父は〝味噌汁の冷めない距離〟に住んでいる。一人っ子（一人娘）なので夫は妻の姓に変えても良いと言ってくれているが、夫も自分も今の姓で培ってきたものがあるので非常に戸惑っている。
木島　成実　主人・小学一年の娘の三人家族。近い将来主人の母と同居予定。職業なし　ＰＴＡ活動中　37歳
山崎　容子　小学校教諭　主人、三歳長女、一ヵ月長男。長男の嫁です。34歳

14

「夫婦別姓」ってなぁーに？

荒木　栄子　団体職員　二人姉妹の次女で独身。姉は他家に嫁いでいる。
岡　千歳　主婦（元中学校教員）主人と一女。主人は長男で、実家には母が一人で家を守っている。32歳
建山　尚子　ピアノ教師　夫と二人家族。二人姉妹の長女。どちらも他家にとついでいるので実家の家名がつげない。35歳
濱吉　路　（夫・長男二歳）三人家族　元・小学校教員　現・学童保育クラブパート指導員　育児サークルの仲間たちと地域の育児ガイドブック作りに参加したり、公民館の講座・サークルに参加したりしている。35歳
野崎寿和子　主婦（元会社員）　夫・子供二人の四人家族。主人の実家は四世帯同居の家族でとてもうらやましく思っている。36歳

図5　「「夫婦別姓」ってなぁーに？」、前掲『ちょっとまって！夫婦別姓』所収

右派の国連活動の先鞭をつけた人物でもある。

・荒木栄子　日本女性の会事務局長や副運営委員長（二〇二一年段階）などを務める。日本女性の会が各地で開催する「憲法おしゃべりカフェ」講師。

・工藤千代子　「憲法おしゃべりカフェ」講師、「国民文化研究会」媒体への寄稿。

参考

「日本会議の行動の記録」「日本会議」（https://www.nipponkaigi.org/activity/archives/10066）［二〇二三年七月十日アクセス］

「国民文化研究会」（http://www.kokubunken.or.jp/kokumindouhou/673.html#01）［二〇二三年七月十日アクセス］

日本軍「慰安婦」問題と「新しい歴史教科書をつくる会」

一九九一年八月、韓国の金学順が元「慰安婦」として初めて名乗り出た。宮澤喜一首相が九二年の訪韓の際にお詫びと反省を述べたことや、九三年八月に発表された河野洋平官房長官による「河野談話」について右派は反発した。

だが、「慰安婦」問題への攻撃が本格化したきっかけは、一九九六年六月に文部省の教科書検定結果が公表され、中学歴史教科書に「慰安婦」問題の記述が入ることが明らかになったことだった。九六年末に藤岡信勝、西尾幹二、高橋史朗らが中心になり、「新しい歴史教科書をつくる会」が発足した。つくる会教科書の採択運動を通じて、地域に根ざし、一般の学生や会社員などに浸透する裾野が広い運動を展開した。同会の立ち上げに参加した漫画家の小林よしのりは、九七年から『新・ゴーマニズム宣言』（小学館）などで「慰安婦」問題を扱い、メディアで注目を浴びた。そして同会が刊行した教科書『新しい歴史教科書』の採択運動を通して地域に広がった右派議員や市民らのネットワークは、二〇〇〇年代の「男女共同参画」反対運動や性教育へのバックラッシュに生かされることになった。

こうした歴史修正主義運動は、民間だけでなく国政の場でも同時に進行した。一九九三年に自民党内に歴史・検討委員会が設置された。この委員会は、「侵略戦争」論を否定して「アジア解放戦争」だったと位置づけ、「東京裁判」によって強制された「自虐史観」を払拭することを目指すものだった。九五年には委員会での講演をまとめた『大東亜戦争の総括』（歴史・検討委員会編、歴史・検討委員会）を刊行した。さらに九七年には、自民党の中川昭一や安倍晋三、衛藤晟一らが「日本の前途と歴史教育を考える若手議員の会」を設立し、『歴史教科書への疑問——若手国会議員による歴史教科書問題の総括』（日本の前途と歴史教育を考える若手議員の会）という書籍を出版している。

二〇〇〇年、女性国際戦犯法廷が東京で開催されると、右翼勢力が強く反発し、街頭宣伝車が会場に押し寄せ、さらに同法廷に関するＮＨＫの番組に中川昭一、安倍晋三ら政治家が圧力をかけた結果、番組内容が改変された。そして女性国際戦犯法廷の開催に尽力した松井やよりなどのフェミニストや、主催団体である「戦争と女性への暴力日本ネットワーク（VAWW-NETジャパン）」などに対するバッシングも激化した。

一九九〇年代半ば以降現在に至るまで、日本軍「慰安婦」問題はバックラッシュの主要テーマであり続けている。

図6　日本の前途と歴史教育を考える若手議員の会編『歴史教科書への疑問——若手国会議員による歴史教科書問題の総括』日本の前途と歴史教育を考える若手議員の会、1997年

「ジェンダーフリー」バッシング

「ジェンダーフリー」は、一九九五年に東京女性財団が刊行した『GENDER FREE 若い世代の教師のために――あなたのクラスはジェンダー・フリー?』(図7)という冊子で「性別にこだわらず、性別にとらわれずに行動すること」という意味で初めて使用された。その後、東京女性財団が刊行した「ジェンダーチェック」と題する家庭生活や学校生活、職業生活などに関する研修用の冊子でも「ジェンダーフリー」は使われていった。「男が泣くのはみっともないと思うか」「女の子はすなおでなくてはならない」などの質問に答えさせ、社会的性別にとらわれないように自覚を促すためだ。これに対して、九八年、東京都議会で古賀俊昭議員(自民党)が「らしさ」を否定するものだとしてジェンダーフリーを批判した(東京都議会文教委員会、一九九八年十一月十二日議事録)。

一九九九年に男女共同参画社会基本法が制定されると、右派は「性別にかかわりなく、その個性と能力を十分に発揮することができる」という文言を「ジェンダーフリー」とつなげ、「男女の区別」をなくす「行き過ぎたジェンダーフリー」だという批判を展開するようになった。

二〇〇〇年代はじめごろから「諸君!」(文藝春秋)や「正論」(産経新聞社)などの雑誌や、日本会議の

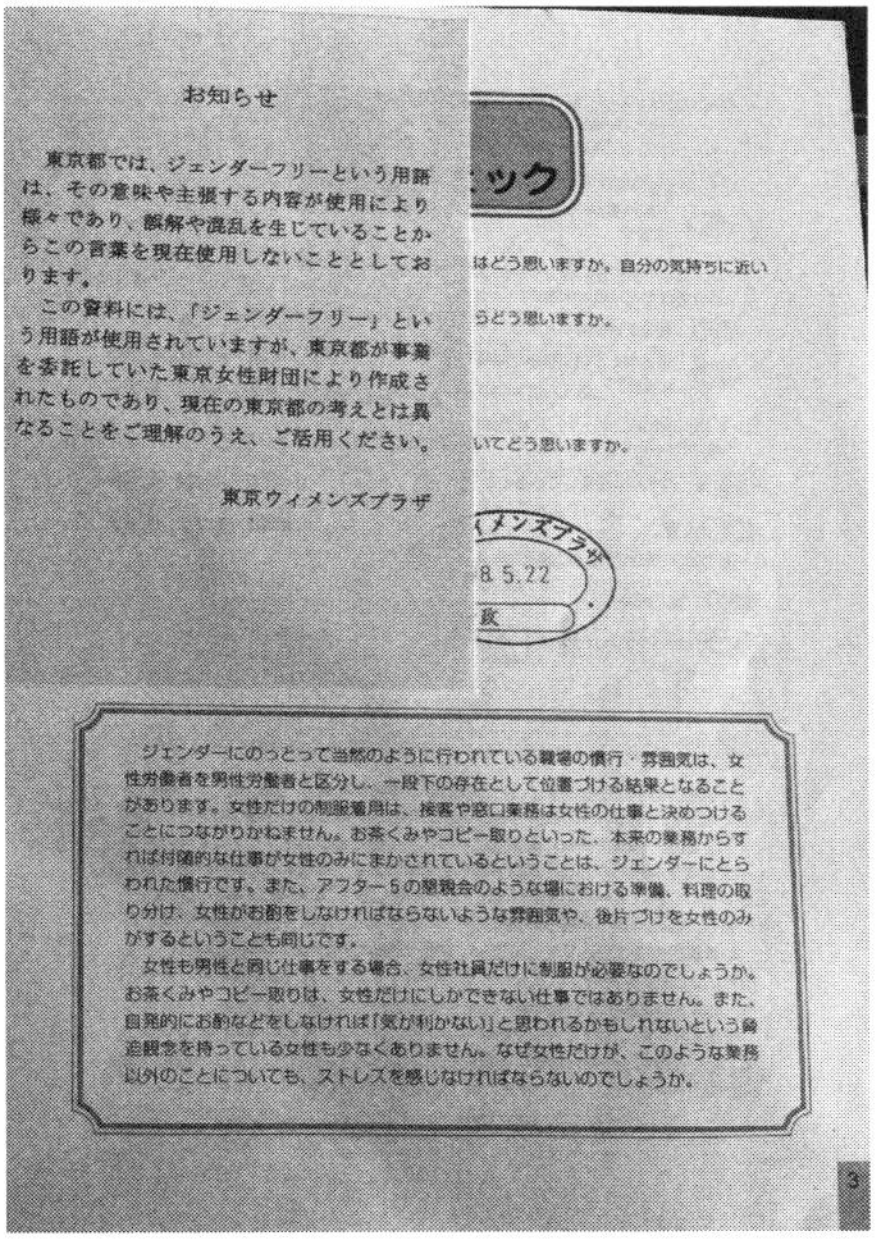

図7　右：『GENDER FREE 若い世代の教師のために――あなたのクラスはジェンダー・フリー？』表紙、左：「ジェンダーフリーという用語は現在は使用しない」という内容の付箋を貼った東京ウィメンズプラザ所蔵のパンフ『ジェンダーチェック　男女平等への指針　職業生活／女性編』（東京女性財団、1998年）

「日本の息吹」、日本青年協議会の「祖国と青年」といった右派団体の機関誌など の右派論壇で男女共同参画批判が顕在化し、広まっていった。そのなかで意味が曖昧な「ジェンダーフリー」は格好のターゲットとされた。こうした動きは全国の地方自治体でも広く拡散されていった。〇三年、東京都議会での古賀俊昭、萩生田光一議員（自民党）らによるジェンダーフリー批判もその一例だった。古賀は、「ジェンダーフリーは、単純に男らしさ、女らしさを否定する次元の問題ではなく、日本人の人格自体を破壊し、日本や家庭という共同体を敵視した新たな革命運動であるとの、この思想の本質と恐ろしさを認識することが何よりも肝要であります」と述べ（東京都議会第一回定例会〔第四号〕、二〇〇三年二月十四日議事録〕、萩生田は「一部の学校で、〔男女共同参画社会の理念に基づいて〕男らしさや女らしさを否定するような行き過ぎたジェンダーフリー教育」がおこなわれていると批判した〔東京都議会予算特別委員会〔第三号〕、二〇〇三年二月二十一日議事録〕。

「ジェンダーフリー」への批判が盛んになった際に、いかに「行き過ぎたもの」かをアピールするために右派に利用されたのがトイレの標識だ。男女共同参画が「男と女の一切の区別をやめる」ことを「ジェンダーフリー」だと主張し奨励しているかのように「トイレも男女共用が望ましいという広報・宣伝が始まっています」などと吹聴した。相模市男女共同参画センター・ソレイユさがみのトイレの標識が、男女とも緑色に統一される一方、わざわざ男性用にはズボン姿、女性用にはスカート姿の人物イラストを添え、「男性用」「女性用」の表示も添付するという混乱した例を取り上げ、「ジェンダーフリーは狂気の思想である」などと揶揄した〔西尾幹二／八木秀次『新・国民の油断――「ジェンダーフリー」「過激な性教育」が日本を亡ぼす』ＰＨＰ研究所、二〇〇五年、八ページ、口絵〕。

二〇〇五年に策定された第二次男女共同参画基本計画では、安倍晋三内閣官房長官と山谷えり子内閣府政務官によって「ジェンダーフリー」政策は〔性教育とともに〕「常識に反する」として削除された。その後、「ジェンダーフリー」は、「性別」や「性的指向」などに関わるフェミニズムの主張を批判する際に現在まで一貫して格好のターゲットとされ続けている。

拡散する「カタツムリ論」

八木秀次は「男女共同参画」や「ジェンダーフリー」を批判するなかで、頻繁に「カタツムリ」に言及する。八木の「カタツムリ論」の初出は二〇〇〇年におこなわれた日本青年協議会機関誌「祖国と青年」掲載の対談で、「ジェンダーフリーというのは、こういう雌雄同体、雄か雌かよく分からない、雌雄の区別がつかないカタツムリのような生き物に人間をしてしまおうということなのです」というものだ（八木秀次／浜田耕司対談「おびやかされる「家族」 男女共同参画社会の欺瞞を見抜け――ジェンダーフリー思想は家族を解体する」「祖国と青年」二〇〇〇年十二月号、日本青年協議会）。

これ以降、八木はさまざまなところで〈「ジェンダーフリー」とは人間をカタツムリのようにする思想〉であり、〈カタツムリが「ジェンダーフリー」のシンボル〉だとする論を繰り返してきた。

八木が常に引き合いに出すのは千葉市が二〇〇〇年八月に発行した冊子「ハーモニーちば」第三十一号に掲載されたイラストだ。インク瓶によじ登るカタツムリが描かれたものだが、その説明文では実際のところ、カタツムリは雌雄同体という説明はあるものの、人間をカタツムリにするどころか、むしろ人間は「性別がはっきりしている」とする、性別二元論ともいえる内容だった（図8を参照）。

だが、右派の間では、「ジェンダーフリー」の理想はカタツムリであるという八木の解釈が広がり、地方議員による地方議会での質問やほかの右派論者らによって孫引きされ、さらなるデマ情報も加えられていっ

図8　千葉市企画調整局女性行政推進室編「ハーモニーちば」第31号、千葉市企画調整局女性行政推進室、2000年

た。例えば尾崎太郎和歌山県議（自民党）は県議会での質問で「某市の男女共同参画課は、両性具有のカタツムリの絵を描き、「人間の理想だ」とするグロテスクなパンフレットを作成しております」と述べ、ジェンダーフリーを批判した（和歌山県議会定例会、二〇〇四年六月十六日議事録）。「カタツムリ論」を通じて、「男女共同参画」や「ジェンダーフリー」は人間をカタツムリにし、社会の破壊を目指すカルト思想だというデマが拡散されていった。

男女共同参画推進条例と「日本時事評論」

一九九九年に男女共同参画社会基本法ができたころから、埼玉県と東京都を皮切りに自治体で男女共同参画の条例を作る動きが活発になった。

男女共同参画社会基本法や条例について、初期から反対の論陣を張っていたのは、生長の家系政治運動に源流をもつ右派シンクタンクの日本政策研究センターだったが、地方から条例に対していち早く反対運動を展開した宗教右派は山口県に本部を置く新生佛教教団だった。その関連企業の日本時事評論社が発行するオピニオン紙「日本時事評論」は、二〇〇一年ごろから男女共同参画批判記事やチラシ、冊子などを盛んに出版するようになっていた。

特に広く拡散されて影響力をもったのが、男女共同参画についての二〇〇一年五月、〇二年六月に出た二つの号外である。二〇〇一年五月号は「風前の灯火にある「明るい家庭」！」がフェミニズムによって崩壊し、「フェミニズムの思想を基にした国家解体・家族解体が「男女共同参画社会」の実体だ」とするものだ。二〇〇二年六月号では、「男女共同参画社会になると男女の区別が一切なくなり、これまでの文化や伝統がすべて消えます」として、鯉のぼりやひな祭りを否定し、身体検査も男女一緒になるなどの現実離れした事例を紹介している（日本時事評論社「日本時事評論号外記事」〔http://nipponjijihyoron.co.jp/extraarticle.html〕［二〇一三年七月十日アクセス］）。

二〇〇二年六月可決の山口県宇部市の男女共同参画推進条例は、「男らしさ、女らしさを一方的に否定することなく」「専業主婦を否定することなく」などの文言が入った条例で、フェミニストに衝撃を与えた。「日本時事評論」は地域のほかの宗教右派や右派議員とも連携し、保守的な条例制定運動を進めていった。宇部市の条例は成功事例として右派に注目され、「正論」などの右派雑誌などでも紹介され、各地で男女共同参画に反対し、保守的な条例を作る運動につながった。

二〇〇三年の千葉県の男女共同参画条例づくりの際にも、「日本時事評論」は宇部市のような保守的な条例を作る運動を引っ張ったが、結局、保守分裂を招くことになって成功せず、その後、「日本時事評論」の条例づくりや男女共同参画への反対運動への関わりは減少していった。

山谷えり子と「過激な性教育」キャンペーン

国会で性教育や「ジェンダーフリー」批判の急先鋒になったのが山谷えり子衆議院議員（民主党。現在は自

性のゆらぎの時代に　――子どもが自分らしく生きるために支援を

私たちはふつう、身体の外見的な特徴から「女」「男」と2つの性に分けます。「女の子」と「男の子」とひとくくりにしてとらえることをやめて、一人ひとりの個性をじっくりと見つめてみませんか。すると、実にさまざまな子どもたちがいることに気づかされます。女の子、男の子という性別の枠に当てはめることが難しい子どもたちがいることにも気づくでしょう。

自分で自分自身のことを男の子だと思うか、女の子だと思うか、という性別のとらえ方のことを「性自認」と言います。性自認はその人のアイデンティティとなる重要な要素でもあります。ところで、からだの性別と性自認とが異なる人々は、性同一性障害と言われ、自分が自分らしくあることに困難を感じながら生活しています。思春期にさしかかった子どもたちの中には、からだの性別と心の性別の間にズレを感じて、悩み始める子どももいます。大人たちが子どもたちに対して何げなく呼びかける「女の子」「男の子」という2つの性別のくくりの間で、自分はどちらなのか迷い、つらい思いをしている子どももいるのだということを、忘れてはなりません。

また、異性とパートナー関係を築く人々が「当たり前」だと思い、それ以外の関係を無意識のうちに排除してはいませんか。同性愛の人々にとって同性を愛するということは、「当たり前」の選択なのです。ある人にとっての「当たり前」が、必ずしも全ての人にとっての「当たり前」ではありません。

ジェンダーに敏感になって私たちの周りを見わたすと、女の子の中にもさまざまな子どもがいて、男の子の中にも同様にさまざまな子どもがいることに気づくでしょう。すべての子どもが自分らしい「幸せ」を手にすることができるような社会に子どもたちを送り出してやることが、私たち大人に課された重要な役割なのではないでしょうか。

図9　日本女子社会教育会編『未来を育てる基本のき――新子育て支援』日本女子社会教育会、2002年

民党の参議院議員）だ。二〇〇二年四月、カトリック教徒でもある山谷は、日本女子社会教育会（現・日本女性学習財団）が文科省の委嘱で発行した冊子『未来を育てる基本のき――新子育て支援』（日本女子社会教育会編、二〇〇二年。以下、『基本のき』と略記）について、鯉のぼりやひな祭りなどの伝統行事を否定するもので、男らしさ、女らしさを否定し、男も女もなくする「行き過ぎたジェンダーフリー」を押し付けているとして国会で批判した。『基本のき』は、「三歳までは母の手で」や「子育ては母親の責任」といった固定的な性別役割分業に基づいた発想をしていないか、見直そうという啓発冊子である。「同性愛」や「からだの性別と心の性別の間にズレを感じて、悩み始める子ども」など性別に違和感をもつ子どもに触れる「性のゆらぎの時代に」というコラムも載っている。

図10　母子衛生研究会編『教えて！　聞きたい！――思春期のためのラブ＆ボディ BOOK』母子衛生研究会、2002年

二〇〇三年五月には、中学生向け性教育冊子『教えて！　聞きたい！――思春期のためのラブ&ボディBOOK』（母子衛生研究会編、母子衛生研究会、二〇〇二年。以下、『ラブ&ボディBOOK』と略記）を「過激な性教育」だとして山谷は批判した。『ラブ&ボディBOOK』はリプロダクティブ・ヘルス／ライツ（性と生殖に関する健康と権利）という新しい考え方を中学生にもわかるように具体的に説明している。「だれを好きになるか」「交際するかしないか」「避妊するとしたらどんな方法でするか」などについて、「自分で考える、自分で決める、やっぱりそれが大事だね」「性については、NO！を言える力が大事」などと記すなど包括的性教育の教材である。

　リプロダクティブ・ヘルス／ライツは、一九九四年に開催されたカイロ国際人口開発会議の行動計画「万人が保証されるべき性と生殖に関する健康と権利」として盛り込まれた。日本でも、九九年に文部省の「学校における性教育の考え方、進め方」で「思春期の若者のリプロダクティブ・ヘルスの問題（性行動、望まない妊娠、安全ではない人工妊娠中絶、性感染症）などへの取り組みが必要」と明記された。二〇〇〇年に制定された男女共同参画基本計画にもリプロが位置づけられている。批判された『基本のき』は文科省の委嘱事業として日本女子社会教育会が、『ラブ&ボディBOOK』は厚生労働省所轄の母子衛生研究会がそれぞれ省庁の考えに沿って作成した冊子だった。二〇〇二年五月二十九日、衆議院文部科学委員会で山谷が『ラブ&ボディBOOK』を取り上げ、「ピル…失敗率一%」などとピルを奨励していて、中学生にふさわしくない内容だと批判した。山谷の性教育に関する国会質問によって同冊子は自主回収され、その後性教育へのバッシングが激しくなっていくきっかけになった。当時民主党の衆議院議員だった山谷は、地方議員や宗教右派系のジャーナリストや活動家らとかなり近い関係にあり、密接に連携していた。

山谷が国会で『ラブ&ボディBOOK』について質問したことが「日本時事評論」を通じて地方議会に広まり、地方議会でも同じような質問がされていく。すると、今度は地方議会の情報が中央にフィードバックされ、それを活用して国会議員がまた質問するといった構図があった。さらに山谷自身、各地で展開するさまざまな右派運動と国政をつなぐ中軸《ハブ》としてのはたらきも大きかった。

なお、統一教会が男女共同参画バッシングに参入したのは、二〇〇二年『ラブ&ボディBOOK』の動向について取り上げたことがきっかけだった（山本彰『ここがおかしい男女共同参画――暴走する「ジェンダー」と「過激な性教育」』世界日報社、二〇〇六年）。「世界日報」の記事で確認すると、〇二年八月二日に厚労省外郭団体の『ラブ&ボディBOOK』が「性行為を煽っている」などの苦情が出ているなどと批判するとともに、全国で

子供は社会の宝、国の宝です。

― 教育改革ができるのは自民党です ―

今、教育現場では学習指導要領を無視した教育の暴走があります。自民党は「過激な性教育・ジェンダーフリー教育実態調査プロジェクト」を立ち上げました。皆様の身近で行われている子供たちへの不適切な教育の実例をおよせください。

【過激な性教育】

子供の心や年齢、体の成長にあった性教育が必要です。

早すぎる過激な性教育は子供の純粋な心を大きく傷つけます。保護者がしらない『密室での虐待』がおこなわれているのです。

【ジェンダーフリー教育】

男女が互いに尊重し、支えあって生きていく男女共同参画社会は大切なことです。

しかし、現場では「小学5年生で男女同宿」「学校のトイレが男女一緒」など性差を否定する『教育の暴走』がおこなわれているのです。

過激な性教育（子供の心と年齢を考えない性技術教育）が行われています

教育委員会作成副読本

「お父さんは、ペニスを
お母さんのワギナにくっつけて
せいしが外にでないようにして
とどけます。」

（大阪府吹田市　小学校１～２年生用副読本）

実技教材人形

（東京都などで実際に使われていたもの）

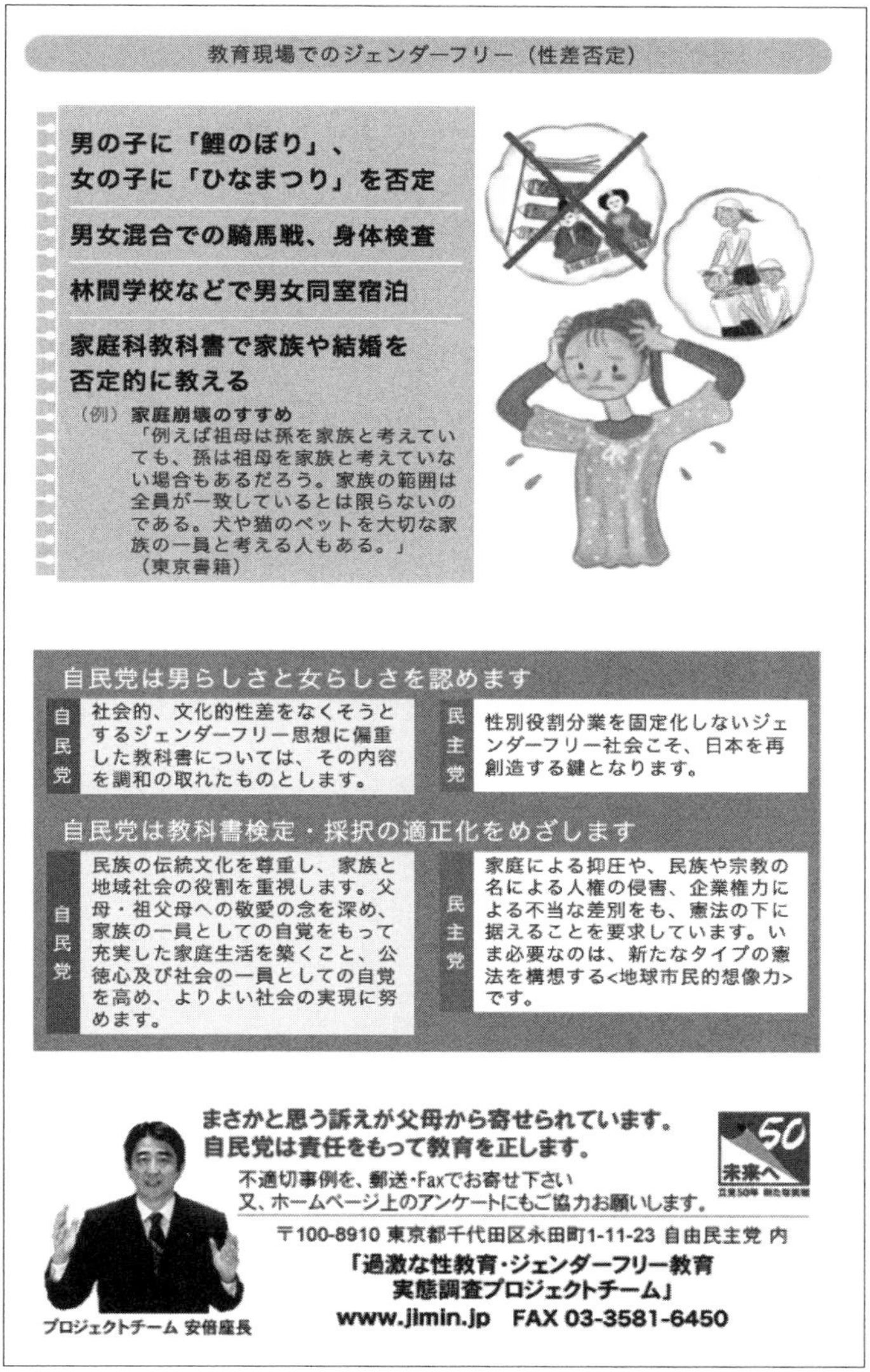

教育現場でのジェンダーフリー（性差否定）
男の子に「鯉のぼり」、
女の子に「ひなまつり」を否定
男女混合での騎馬戦、身体検査
林間学校などで男女同室宿泊
家庭科教科書で家族や結婚を
否定的に教える
（例）家庭崩壊のすすめ
「例えば祖母は孫を家族と考えていても、孫は祖母を家族と考えていない場合もあるだろう。家族の範囲は全員が一致しているとは限らないのである。犬や猫のペットを大切な家族の一員と考える人もある。」
（東京書籍）
自民党は男らしさと女らしさを認めます
自民党
社会的、文化的性差をなくそうとするジェンダーフリー思想に偏重した教科書については、その内容を調和の取れたものとします。
民主党
性別役割分業を固定化しないジェンダーフリー社会こそ、日本を再創造する鍵となります。
自民党は教科書検定・採択の適正化をめざします
自民党
民族の伝統文化を尊重し、家族と地域社会の役割を重視します。父母・祖父母への敬愛の念を深め、家族の一員としての自覚をもって充実した家庭生活を築くこと、公徳心及び社会の一員としての自覚を高め、よりよい社会の実現に努めます。
民主党
家庭による抑圧や、民族や宗教の名による人権の侵害、企業権力による不当な差別をも、憲法の下に据えることを要求しています。いま必要なのは、新たなタイプの憲法を構想する<地球市民的想像力>です。
まさかと思う訴えが父母から寄せられています。
自民党は責任をもって教育を正します。
不適切事例を、郵送・Faxでお寄せ下さい
又、ホームページ上のアンケートにもご協力お願いします。
50
未来へ
〒100-8910 東京都千代田区永田町1-11-23 自由民主党 内
「過激な性教育・ジェンダーフリー教育
実態調査プロジェクトチーム」
www.jimin.jp FAX 03-3581-6450
プロジェクトチーム 安倍座長

図11　当時の自民党 PT のウェブサイト
学校での場所の不足などやむをえない理由でおこなわれてきた男女同室着替えを「ジェンダーフリー教育」としたり、七生養護学校で使用されていた人形教材を意図を捻じ曲げて「過激な性教育」用の「実技教材人形」としたりするなど、実態から逸脱した例が目立つ

の回収状況などを取り上げ、この間、回収を徹底するよう紙上でキャンペーンを繰り広げた。同年十一月三日には、遠山敦子文科大臣が『ラブ&ボディBOOK』の回収を表明したことを報道している。この間、「世界日報」では特別報道チームを組んで、堂本暁子千葉県知事による男女共同参画条例案を批判する記事なども連続して掲載した。山谷は、国会で質問し、それを「日本時事評論」や「世界日報」などの宗教右派メディア、「産経新聞」などが報道し、地方議員がそれを地方議会でフィードバックするなど中軸《ハブ》としての影響力を行使した。

二〇〇五年四月、安倍晋三幹事長代理が座長、山谷えり子参議院議員が事務局長として、自民党が「過激な性教育・ジェンダーフリー教育実態調査プロジェクトチーム」(自民党PT)を立ち上げた。自民党PTは専用のウェブサイトも開設して「実態調査」を実施し、同年五月に自民党本部でシンポジウムを開催した。前年に国会議員に転じていた萩生田光一はこの活動にも参加し、シンポジウムの責任者として司会を務めた。

都立七生養護学校(当時)の性教育に対する攻撃

東京都日野市の七生養護学校(現・東京都立七生特別支援学校)では、知的障害がある生徒に対して、自分の体を大切に感じ、自分に誇りをもてるようにするために、「こころとからだの学習」として性教育に取り組んでいて、歌や人形を使うなど工夫を凝らした授業を実践していた。幼いころから虐待を受けたり養育放棄されたりして施設入所になって通ってくる生徒たちが「自分を大切な存在」と思えるように、「からだう

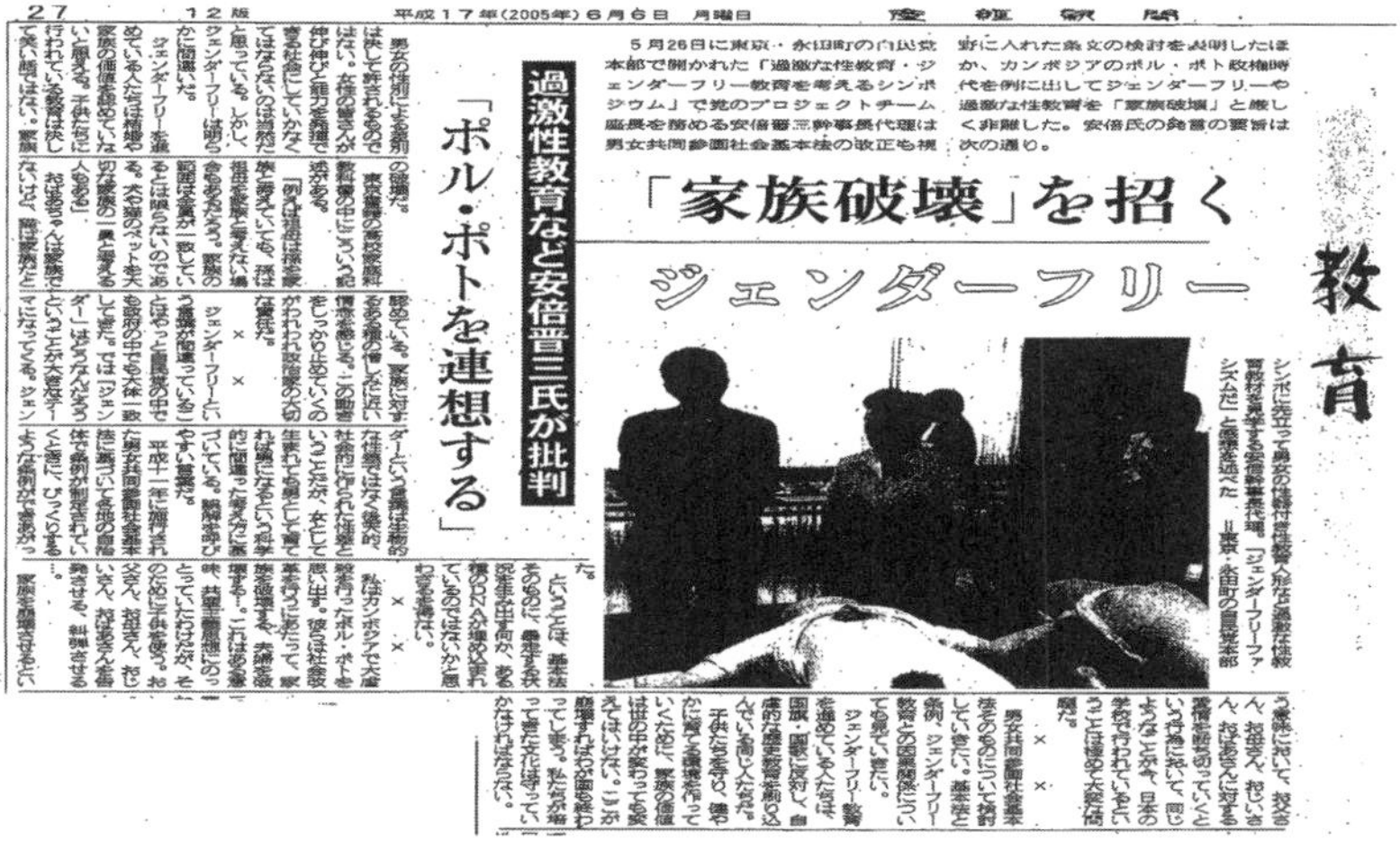

27　12版　平成17年(2005年)6月6日　月曜日　産経新聞

「家族破壊」を招く

ジェンダーフリー教育

5月26日に東京・永田町の自民党本部で開かれた「過激な性教育・ジェンダーフリー教育を考えるシンポジウム」で党のプロジェクトチーム座長を務める安倍晋三幹事長代理は男女共同参画社会基本法の改正も視野に入れた条文の検討を表明したほか、カンボジアのポル・ポト政権時代を例に出してジェンダーフリーや過激な性教育を「家族破壊」と厳しく非難した。安倍氏の発言の要旨は次の通り。

過激性教育など安倍晋三氏が批判

「ポル・ポトを連想する」

図12　「産経新聞」2005年6月6日付。男女共同参画社会基本法の見直しにも触れる安倍晋三幹事長代理

た」を歌ったりしながら丁寧に大事に手で体に触れさせていくなどの教育実践をおこなっていた。また、性的な問題行動を起こしたり性被害を受けたりすることがないようにと、生徒に身体について教えるための人形教材を用いてもいた。

ところが、二〇〇三年七月二日、東京都議会定例会の一般質問で、土屋敬之都議（民主党）が「最近の性教育は、口に出す、文字に書くことがはばかられるほど、内容が先鋭化し、世間の常識とはかけ離れたものとなっている。（略）ある養護学校ではからだのうたに性器の名称を入れて子どもたちに歌わせている」と突然、七生養護学校の教育実践を取り上げて批判した。それに対して石原慎太郎都知事は、「あげられた事例どれをみても、呆れ果てる」などと答弁した。

さらにその二日後の七月四日、土屋に加え、古賀俊昭（自民党）、田代博嗣（自民党）の三都議と、三人の市議・区議、東京都教育庁幹部が「産経新聞」記者を伴って七生養護学校を視察に訪れた。生徒の状況に合わせて工夫

した人形や歌を「まるでアダルトショップのよう」「過激性教育」などと、必要とされる状況を無視して批判し、多くの教材を持ち去った。そして同行していた「産経新聞」が、「過激性教育　都議ら視察「あまりに非常識」口々に非難」と背景を説明せずにセンセーショナルに非難した(「産経新聞」二〇〇三年七月五日付)。

二〇〇三年九月十一日には、一九九八年度から二〇〇二年度まで七生養護学校の校長だった金崎満に「停職一ヶ月」や教諭への「降任」処分をし、教員六十五人をはじめ、盲・ろう・養護学校長や教育庁関係者に「戒告」「厳重注意」などの処分が下された。性教育に関して「厳重注意」処分になった二十一人のうち十三人は、七生養護学校の教員だった(七生養護「ここから」裁判刊行委員会編『かがやけ性教育!――最高裁も認めた「こころとからだの学習」』つなん出版、二〇一四年、一四ページ)。

二〇〇五年五月二十六日に自民党本部で開催した自民党PTのシンポジウムでは、萩生田光一の司会のもと、安倍晋三、山谷えり子、八木秀次のほか、古賀俊昭都議、さらには都が二〇〇三年度に七生養護学校に「学校経営アドバイザー」として派遣した鷲野一之が登壇し、七生養護学校の子どもたちのための教材も「過激な性教育」の典型例として展示された。また、自民党PTが開設したウェブサイトでは、七生養護学校の教材を衣服を脱がせた状態で「性教育実技人形」として紹介していた(図11を参照)。

こうした状況のなか、二〇〇五年一月に東京弁護士会は東京都教育委員会に対して、七生養護学校の関係者への「厳重注意」の撤回や教材の返還、性教育カリキュラムを復活し不当な介入をしないよう求める警告を発した。さらに同年五月十二日、二十五人の教員と二人の保護者が東京都と都教育委員会、三人の都議、産経新聞社を訴え、教材の返還などを求める裁判を起こした(のちに教員四人が原告に加わった)。一三年に最高裁は、七生養護学校が「不適切な教材を使用した性教育」をおこなったという東京都教委の主張を全面的に否定し、都議らの行為を「不当な支配」だとするなど、教員と保護者の訴えを全面的に認める決定を下した（前掲『かがやけ性教育！』五七―六七ページ）。

裁判の勝利の意義は大きい。同時に、七生養護学校をはじめとした性教育への右派による執拗なバッシングや、政治家や教育委員会からの教育現場への介入の影響も甚大であり、日本の性教育が現在に至ってもなかなか進まない大きな原因になった。なお、七生養護学校の元教員で裁判の原告団長でもあった日暮かをるによれば、押収された教材は二〇二三年七月現在、いまだに返却されていないという。

「産経新聞」が果たした役割

「産経新聞」は、二〇〇〇年前後から右派政治家や運動家などと連携して、男女共同参画条例や先進的な性教育を「ジェンダーフリー」思想の産物であり「性差を否定するイデオロギー」だと声高に批判するようになった。

二〇〇二年四月、山谷えり子議員は、性別役割分業を見直すための冊子『基本のき』について、男らしさ女らしさを否定し、男も女もなくする「行き過ぎたジェンダーフリー」だと国会質問でやり玉に挙げた際、「産経新聞」はすぐさまセンセーショナルに取り上げた。その後、『ラブ&ボディBOOK』を取り上げた際も「産経新聞」は同様に大きく取り上げた。

山谷の国会での活動が影響力をもつことになった背景には、「産経新聞」が山谷と緊密な連携をとり、山

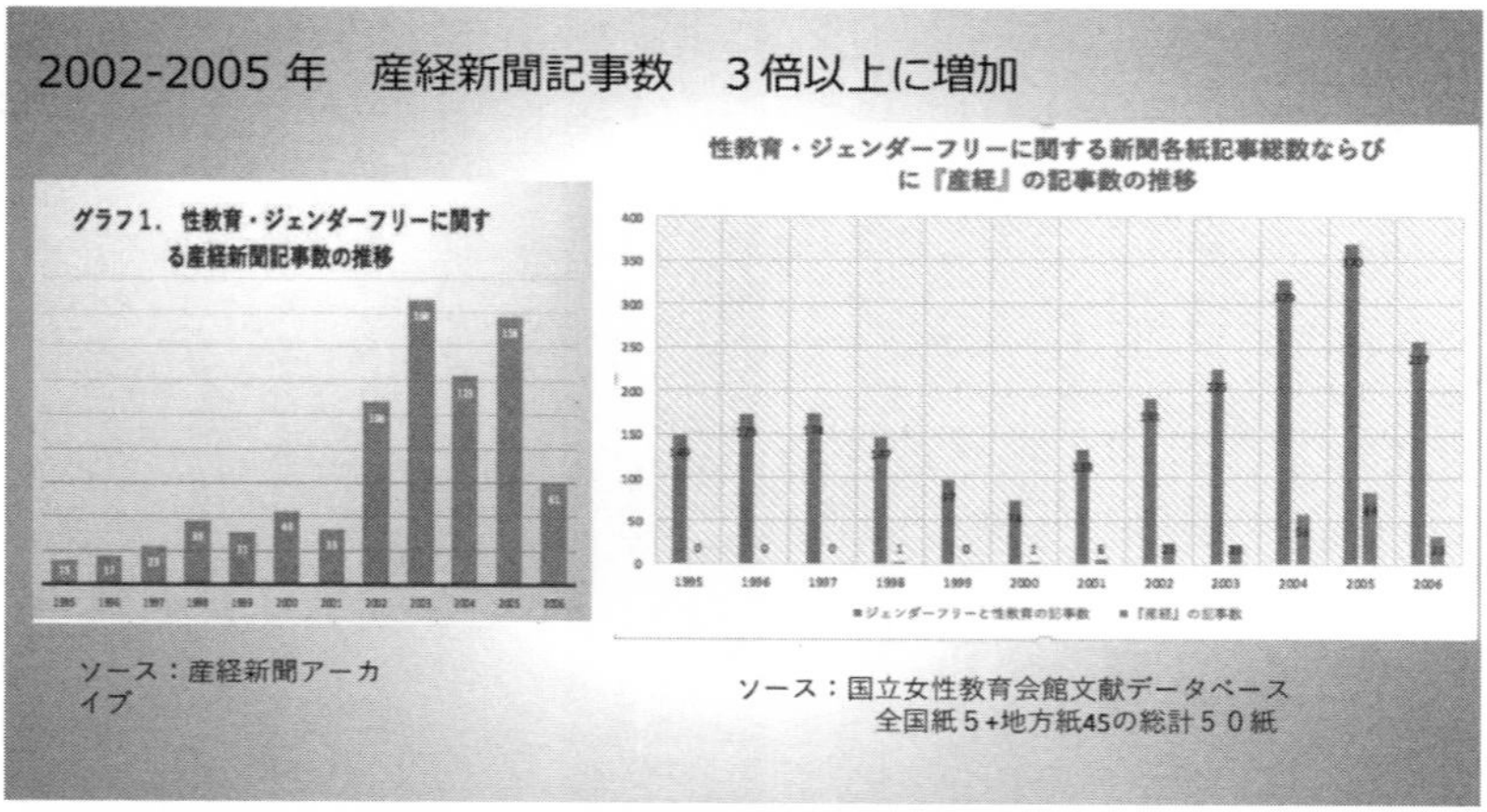

図13　性教育・ジェンダーフリーに関する「産経新聞」記事数の推移（作成：斉藤正美）

谷の活動を逐一報道していたことも大きかった。二〇〇五年五月に開催した自民党ＰＴのシンポジウムで、安倍座長は、こうした「過激な性教育」や「ジェンダーフリー」の取り組みは、「家族を破壊する」ものだと非難し、まるでカンボジアで社会改革をおこなうといって家族を破壊した共産主義のポル・ポトを思い出させると語った（「産経新聞」二〇〇五年六月六日付）。旧統一教会系「世界日報」も、「産経新聞」と同様に山谷の国会質問に紙面を割くなど一定の連携をとっていた。

「産経新聞」のニュース検索サービス「産経新聞データベース」によれば、一九九五年から二〇〇一年までの間、性教育や「ジェンダーフリー」に関する「産経新聞」の報道は十五本から多い年でも四十四本で推移していたのだが、二〇〇二年には百八本、〇三年には百六十八本と一気に記事数が増加した。「産経新聞」は〇二年から〇五年にかけて、記事数を通常の三倍以上に伸ばして積極的な報道をおこなったことが見て取れる。

一方、「産経新聞」以外の全国紙や地方紙では、一九九〇年代後半から「性教育」や「ジェンダーフリー」に関する記事を報道していた。このことから、「産経新聞」は二〇〇二年から〇五年にかけて、「ジェンダーフリー」や「性教育」に反対のキャンペーンを張っていたといえるだろう(図13を参照)。

二〇〇二年に「産経新聞」は「社告」と銘打って読者からジェンダーフリーなどについての意見を募集し、さらに懸賞論文をしばしば募集するなど力を入れていた。賞金も最高十万円という高額なものだった。ジェンダーフリー批判の報道では、「セックス人形」「フリーセックス(ピル)のススメ」「過剰な性教育」などとセンセーショナルな表現をちりばめていた。

「産経新聞」は二〇〇二年からネットニュースの発信にも力を入れていて、無料で読めるネット記事も多かった。またネット記事を早く消すことがなく、長く残しておくという特徴があった。こうして「産経新聞」は、誰でもがネットで気軽に読め、かつ他紙よりもコアな保守層の読者の関心を引くような仕掛けでバックラッシュを盛り上げ、それがほかのミニコミやネットへと拡散したといえるだろう。バックラッシュへの「産経新聞」の貢献は大きいものがあった。

都城市と統一教会

二〇〇三年、宮崎県都城市男女共同参画社会づくり条例案には「性別又は性的指向にかかわらずすべての人の人権が尊重される」と同性愛・両性愛、トランスジェンダーなどの性的マイノリティの権利を認める文言が入っていた。それに対して統一教会は、それでは都城市内の神柱公園に全国から同性愛者が集まり「同

図14　条例に反対する「健全な男女共同参画条例をつくる都城市民の会」のチラシ

性愛解放区」になってしまう、と地元の保守系の市議らの危機感をあおり、「世界日報」でもしばしば記事を書くなど積極的な反対キャンペーンを張った。

都城市の条例は、地元の市民が行政職員や議員らとの日頃からの緊密なネットワークを生かし、独自に自主的な勉強会やイベントをするなかで参加していた性的マイノリティや支援団体の意見も入れて作ったものだった。

一方「世界日報」は、現行条例は「リプロダクティブ・ヘルス／ライツ」という言葉で中絶の完全合法化を入れ込んでいるとか、ジェンダーフリー推進論者の最終的な目標は「フリーセックスコミューン」を作ることだと書くなど、フェミニズムや男女共同参画という思想がいかに極端で非常識かを伝えようとした。「世界日報」記者や地元の統一教会関係者らは「日本時事評論」の関係者とも連携をとり、地元の保守系市議らに勉強会を開催するなど反対活動を進めた。それでも二〇〇三年十二月には、一票の僅差で「性別又は性的指向にかかわらず」という文言が入った条例が制定された。

しかし二〇〇五年に都城市の市長選で、反対派が推した市長が当選した。新市長は〇六年の町村合併を機に「性別又は性的指向にかかわらず」を削除した条例を再制定した。

統一教会の関係者らが福井県や富山県行政の男女共同参画推進員に

二〇〇六年から〇八年の三年間、富山県では、県が男女共同参画を推進するための啓発活動として設けている富山県男女共同参画推進員制度に統一教会系メディア「世界日報」の鴨野守編集委員が参加していた。当時、郷里に戻って記者活動をしていた時期だったので、ジャーナリストとしてこれまで批判してきた男女共同参画がどうなっているのか、現場をみてみようという好奇心から参加し、男女共同参画推進員として活動したのだという。

図15　「DVD紙芝居　男と女（家族そして未来へ）」

推進員活動は、「男女共同参画」の啓発と実践という点から、男女からなる推進員が協力して朗読劇や寸劇のイベントをおこなったりして、男女共同参画の啓発をすることになっている。「世界日報」の編集委員は、マンガ朗読劇『困った村の男女共同参画』で主役の頑固オヤジ役を朗読したり、生活が貧しくても専業主婦になって子育てするのが立派な仕事、子どもはたくさんがいいなどの主張を盛り込んだ「我が家も心配、実家も心配」という寸劇を演じたりした。さらに男女共同参画とは直接関係がない高齢社会をテーマにしたシナリオで「おじいちゃんを大切にしよう」というエピソードを盛り込むなど、周囲を巻き込んで実質的なリーダーとして活躍していた。ほかの男女共同参画推進員も地元の中高年層であり、男女共同参画を啓発するというよりも彼ら彼女らの生活実感に沿ったほのぼのとした内容だった。当時の行政の男女共同参画担当者も全く違和感をもっていなかった。バックラッシュを経た二〇〇〇年代後半の地方の男女共同参画政策が、目的や方向性が定まらないものになっていたこともあり、とりたてて問題にする人もいなかったのだろう。

一方、二〇〇五年から〇六年には、福井県でも「世界日報」に寄稿したり世界平和連合のイベントに登壇するなど統一教会の友好団体と関わりがある男性が福井県男女共同参画推進員に参加して熱心に取り組んでいた。彼が入っていた推進員グループが製作した「ＤＶＤ紙芝居　男と女（家族そして未来へ）」は、男女が結婚して子育てをするなかで、思いやりをもってよりよい男女のあり方を検討しようという内容である。

性別役割分業を見直そうではなく、お互いの意識のもちようでよりよい関係を築こうというものだった。これは、統一教会が組織立って男女共同参画に反対の活動をしていたというのではなく、個別に関心をもった市民が地元の男女共同参画の活動に応募し、ある意味、批判的に関わろうとしていたのであり、市民活動としては特段問題があるものではない。だがしかし、それが男女共同参画推進員が目指している活動をズラしたり滞らせたりしていることがなかったか、については検証が必要だろう。

男女共同参画図書や図書館蔵書もターゲットに

男女共同参画センターの情報ルームの蔵書もターゲットになった。前出の福井県在住の男性が二〇〇六年、福井県の男女共同参画推進員になった。彼は、福井県の男女共同参画センターにあたる福井県生活学習館（ユー・アイふくい）の所蔵図書のうち百九十冊が「ジェンダーフリー」や「家族の解体を目指す」「売買春を肯定する」といった「男女共同参画とは無縁」の内容だとして、男女共同参画推進条例の「苦情申立」機能を使って福井県に問題提起をおこなった。きっかけは同センターの図書のなかに、「男の子は強くてたくましい」「女の子はお嫁に行くのが当たり前」という項目に同感すると、固定的な性別規範をもっているとして批判される「ジェンダーチェック」本を見つけ、そうした蔵書があることに疑問を感じたからだという。

福井県はその申し立てについては、一時的に撤去し、ほとぼりが冷めてから戻すという曖昧な対応をとり、正面からの議論を避けた。

しかしながら、二〇二二年七月にユー・アイふくいの情報ルームに行ってみたところ、館内は閑散としていた。そして新刊の書棚には男女共同参画に直接関係がない自己啓発や歴史本などが並ぶ一方、ジェンダー関連の書棚は奥のほうにひっそりと置かれ、古い本が多いようだった（図17を参照）。

男女共同参画に関する図書については、前後して、二〇〇二年に大阪府豊中市男女共同参画センター、〇六年に北海道立女性プラザの蔵書について、それぞれの議会で保守系議員によって「一方的な思想を植え付ける」「偏ることがないように」などと資料の選定基準を問題にする動きがあった。

図16　福井県生活学習館ユー・アイふくい（福井市内、撮影：斉藤正美）

図17　福井県生活学習館ユー・アイふくいの情報ルーム。ジェンダー関連の書棚は奥におしやられ、古い本が並んでいた（2022年7月26日、撮影：斉藤正美）

二〇〇八年七月には大阪府堺市立図書館が五千五百冊ほど所蔵する男性同性愛を題材とする「ボーイズラブ（BL）」小説について、「（異性愛の）ポルノと同罪」であり廃棄すべきだという訴えが起きた。「世界日報」は同年十月から十回にわたる連載記事で「青少年健全育成の視点からも、公共の図書館からポルノ本に類する書物は処分すべき」という堺市市議の意見を紹介した（「特報 堺市図書館に大量の同性愛小説」「世界日報」二〇〇八年十月二十八日付）。それに対して上野千鶴子ら福井で書籍がターゲットになったフェミニストたちが「セクシュアルマイノリティへの偏見を助長する」として反対を表明した。すると「世界日報」は、フェミニストたちは「性的秩序がメチャクチャになればそれでいいのだ」と反発した（鴨野守「連載 公立図書館のBL本〈7〉大量のBL本購入 性的秩序破綻に加担」「世界日報」二〇〇八年十二月二十五日付）。だが、堺市は「十八歳未満への貸出を制限する法的根拠はない」として貸し出しを認めた（「BL小説「18禁」のはずが… 堺市図書館が一転「貸出解禁」」二〇〇八年十二月二十八日「J-cast ニュース」［https://www.j-cast.com/2008/12/28032951.html?p=all］［二〇二三年七月二十六日アクセス］）。

このように二〇〇〇年代には公立図書館や男女共同参画センターなどの蔵書について、特に男女共同参画の意味を問い、性規範の変容を問題にする動きがあった。

第二次男女共同参画基本計画（二〇〇五年）と「ジェンダーフリー」の削除

一九九〇年代には、性教育、選択的夫婦別姓や日本軍「慰安婦」問題などに関してすでに反動が起き始めていたが、九九年に男女共同参画社会基本法が制定され、地方自治体で男女共同参画を推進する条例を制定する動きが起き始めた二〇〇〇年代はじめに、バックラッシュは本格化した。男女共同参画社会基本法の議論のころから批判を展開し始めていた日本政策研究センターや、地域の条例づくりにいち早く反応した「日本時事評論」、日本会議などが早くから動いていて、男女共同参画や性教育に対して「ジェンダーフリー」概念を特に攻撃しながら批判を展開した。〇三年の宮崎県都城市の条例に入った「性的指向」の文言に危機感を覚えた統一教会や系列の新聞である「世界日報」も、バックラッシュの動きに加わった。「産経新聞」などの右派メディアはこうした右派の動きに連動して、男女共同参画や性教育批判記事を大量に出していき、政権与党である自民党も国会での質疑に加え、〇五年に「過激な性教育・ジェンダーフリー教育実態調査プロジェクトチーム」を設置してバックラッシュを展開した。

こうした一連の動きの集大成になったのが、二〇〇五年十二月に制定された第二次男女共同参画基本計画だった。第一次基本計画から大幅に改訂され後ろ向きの内容になったうえに、特に以下の文言が基本計画の

「2．男女共同参画の視点に立った社会制度・慣行の見直し、意識の改革」に入り、政府として「ジェンダーフリー」の用語を使わないとしたことが注目された。

「ジェンダー・フリー」という用語を使用して、性差を否定したり、男らしさ、女らしさや男女の区別をなくして人間の中性化を目指すこと、また、家族やひな祭り等の伝統文化を否定することは、国民が求める男女共同参画社会とは異なる。例えば、児童生徒の発達段階を踏まえない行き過ぎた性教育、男女同室着替え、男女同室宿泊、男女混合騎馬戦等の事例は極めて非常識である。また、公共の施設におけるトイレの男女別色表示を同色にすることは、男女共同参画の趣旨から導き出されるものではない。

（「2．男女共同参画の視点に立った社会制度・慣行の見直し、意識の改革」「第二次男女共同参画基本計画」男女共同参画局〔https://www.gender.go.jp/about_danjo/basic_plans/2nd/pdf/2-02.pdf〕〔二〇二三年七月十日アクセス〕）

図18　山谷えり子『「家族」があぶない！——家族破壊のイデオロギー男女共同参画基本計画』日本会議事業センター、2011年

安倍晋三はのちに高橋史朗との対談のなかで、「ジェンダーフリーの特徴は、過激な性教育です。（略）私はジェンダーフリー教育の元になっている、男女共同参画基本計画については、約百七十箇所を修正し、正常化に努めました」と述べている（「安倍元首相との対談から教育改革の志の原点を探る」二〇二三年一月十二日「モラロジー道徳教育財団」〔https://www.moralogy.jp/salon230112-01/〕〔二〇二

三年七月十日アクセス〕)。また、山谷えり子も、「第二次基本計画策定のときは、私は小泉政権の安倍晋三官房長官の下で担当政務官でしたので、それら不適切な部分を全部削除しました。(略)例えば、ジェンダーフリーや過激な性教育など国民の常識に反している部分は削除しました」と述べ、安倍、山谷らによって第二次男女共同参画基本計画に大幅な変更がおこなわれたことが明らかになっている(山谷えり子『「家族」があぶない!――家族破壊のイデオロギー 男女共同参画基本計画』日本会議事業センター、二〇一一年、五ページ)。

このように、二〇〇五年末の第二次男女共同参画基本計画が一定程度、右派の満足がいくものになったことから〇六年ごろからバックラッシュの動きは落ち着いていったが、男女共同参画や性教育へのバックラッシュの影響は残り、施策は進まず後ろ向きの状況が続くことになった。そして、〇六年九月にはバックラッシュのリーダーだった安倍晋三が首相に就任し、安倍政権時代に突入していった。

第2部　安倍政権以後

——二〇〇〇年代中盤からのバックラッシュ

第一次安倍政権以降のジェンダー、セクシュアリティ、家族をめぐる政策と宗教右派

一九九〇年代から二〇〇〇年代はじめにかけて起こったバックラッシュの背景には日本会議や系統の諸団体、および統一教会など複数の宗教右派の存在があり、それぞれに主張の違いや温度差はあるが、いずれもジェンダーやセクシュアリティ、家族をめぐる政治に影響を与えてきた。

バックラッシュは第二次男女共同参画基本計画の制定を経て下火になってきたが、もちろん終わったわけではなく余波も続き、男女共同参画行政や性教育実践はすっかり萎縮し、後ろ向きになってしまった。そして、その後の政策の展開にも宗教右派は大きな影響を与え続けている。

第2部では、二〇〇六年以降の性をめぐる政治に何が起きたのかについて考えてみたい。具体的には、①教育基本法改正と家庭教育の推進、②選択的夫婦別姓、③少子化対策・官製婚活、④改憲（特に第二十四条）、⑤LGBTQ+、⑥日本軍「慰安婦」問題などをめぐる「歴史戦」の六つのテーマに焦点を当てる。

二〇〇六年九月、第一次安倍政権が発足し、一年ですぐ辞任したものの、一二年十二月から再び首相に復帰。二〇二〇年九月まで戦後最長の約八年間にわたって政権を維持し続けた。〇六年以降は、バックラッシュを率いた安倍がリーダーの時代が長く続いたということだ。途中、三年間の民主党政権時代を挟んだものの、

そのなかでさえ選択的夫婦別姓は導入されず、その間、自民党の右傾化が進むなかで一二年に自民党改憲草案が提示された。

第二次安倍政権以降は、アベノミクスの経済政策として安倍は「女性活躍」を推進したが、あくまでも経済政策であり、性差別撤廃や女性の人権とは無関係だった。さらに安倍は少子化対策として、雇用・労働環境の改善や子育て家庭への経済的支援ではなく、「官製婚活」や、早く結婚して子どもを産ませようという「ライフプラン教育」などの政策を推進した。安倍政権が長期にわたるなかで、ジェンダーやセクシュアリティをめぐる政策は停滞し、非正規雇用や貧困問題が深刻化し、格差も増大した。バックラッシュの影響は続き、性教育は後退し、歴史修正主義も蔓延。さらには日本維新の会や参政党などの新たな右派政党も勢いを増すという状況である。

安倍政権が終わり、菅義偉、岸田文雄と政権が変わるなかで、二〇二二年七月の安倍元首相銃撃事件が起きた。旧統一教会と安倍や自民党との関係が注目を浴びるなかで、安倍がリードしたバックラッシュは安倍時代の終焉とともにはたして終わったのだろうか。〇六年から現在までのジェンダー、セクシュアリティをめぐる政治について、宗教右派との関係に着目しながらみていこう。

教育基本法改悪と「家庭教育」の導入

二〇〇六年九月に第一次安倍内閣が発足し、同年十二月に教育基本法が「改正」された。これによって

図19 「家族の日」啓発イベントのチラシ
（出典：内閣府「令和4年度家族の日フォーラム開催のお知らせ」〔https://www8.cao.go.jp/shoushi/shoushika/family/forum/r04/kaisai.html〕［2023年7月10日アクセス］）

「愛国心条項」が加わったことが大きな批判を浴びたが、家庭教育に関する第十条も新設され、右派はこれを高く評価した。

第十条では、保護者が子の教育について「第一義的責任を有する」ことを定め、国や地方公共団体が、保護者に対する学習の機会と情報の提供その他の家庭教育を支援するために必要な施策を講じることも努力義務とした。このほか、第十三条で、学校、家庭や地域住民がそれぞれの役割と責任を自覚し、連携協力することも定めている。

改正教育基本法に基づき、文科省は「家庭教育支援チーム」登録制度を作って保護者向けの学びの場の提供や訪問型支援などを展開するほか、「家族の日」の啓発イベント、「早寝早起き朝ごはん」の啓発活動などをおこなってきた。文科省は「早寝早起き朝ごはん」については「地域総ぐるみ」での教育再生の一環である「国民運動」として展開すべく、PTAなどからなる「早寝早起き朝ごはん全国協議会」を二〇〇六年四月に発足させていて、全国フォーラムの開催や教材作成などをおこなってきた。

図20　『親の学習プログラム集』埼玉県、2009年
（出典：「プログラム集」埼玉県教育委員会「彩の国埼玉県」〔https://www.pref.saitama.lg.jp/f2215/kateikyouikusien1/purogura musyuu.html〕［2023年7月10日アクセス］）

地方自治体でも家庭教育の施策が進められた。例えば埼玉県は家庭教育の取り組みを早い時期からおこなってきた「先進県」だが、家庭教育の推進には親学関係者が深く関わってきた。埼玉県では二〇〇四年から教育学者の高橋史朗が教育委員を務め、〇七年には教育委員長に選出した（二〇〇八年十二月に退任）。また、松居和も〇六年から

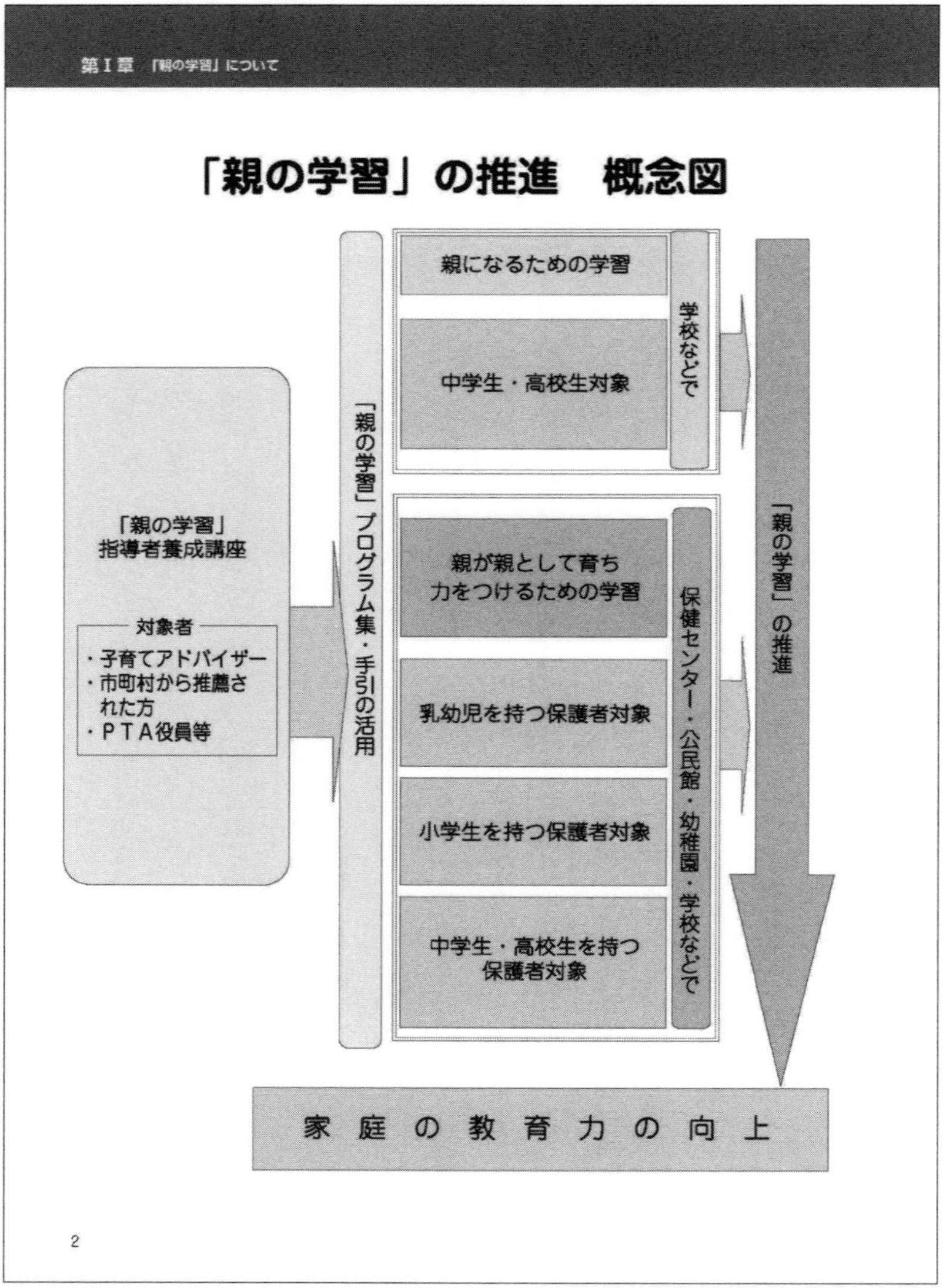

図21　「「親の学習」の推進概念図」埼玉県教育委員会「彩の国埼玉県」（https://www.pref.saitama.lg.jp/documents/12423/372271_1.pdf）［2023年7月10日アクセス］

教育委員、〇九年から一〇年まで教育委員長を務めた。高橋は〇六年に発足した親学推進協会理事長、松居は理事であり、ほかにも「親学」の関係者が教育委員を務めてきた。高橋・松居教育委員長のもと、埼玉県では「親の学習」と銘打った講座や学習会を開催し、〇九年には『親の学習プログラム集』、一三年には『「親の学習」プログラム集増補版』を発行。市民をアドバイザーとして養成し、講座などをおこなう「埼玉県家庭教育アドバイザー」という制度もでき、アドバイザー養成や講座の開催を着々と進めている。

埼玉県だけでなく、改正教育基本法のもとでの文科省の方針もあり、各地の自治体が同様の事業をおこなっていて、「親学」「親の学習」「親学び」などと銘打った学習・教育プログラムを主に県の教育委員会が開発し、冊子などを配布したり講座を開くなどして、ときにPTAも加わって啓発活動を展開している。例えば子どもの就学前の健康診断の際に学校に来た親に向けて講座を開いたり、企業や地域での講座などをおこなったりしている。

図22 『「親の学習」プログラム集増補版』埼玉県、2013年
（出典：「プログラム集増補版」埼玉県教育委員会「彩の国埼玉県」〔https://www.pref.saitama.lg.jp/f2215/kateikyouikusien1/zouhoban.html〕［2023年7月10日アクセス］）

こうした「家庭教育支援」施策の問題はわかりづらく、現場でおこなわれているプログラムなどのすべてに問題があるともいえない。だが、改正教育基本法に基づく「家庭教育」プログラムでは、教育の責任を家庭に負わせることにもつながり、困難を抱えている親をかえって追い込むことにもなりかねない。また、「家庭教育」プログラムや冊子のなかには、あるべき親の姿や特定の価値観の押し付けにつながる内容を含んでいることも批判され

ている。例えば北海道の「家庭教育ナビゲーターハンドブック」に「お父さんの役目は、お母さんが赤ちゃんとの世界を楽しめるように、お母さんを支えてあげること」という、ジェンダー平等の考えに反する文言を含んでいることも道議会で批判された（北海道議会第三回予算特別委員会第二分科会、二〇二二年十月四日、共産党・真下紀子県議による質問）。また、現在おこなわれている啓発中心の施策が、実際に困難を抱え支援を必要としている人にそもそも届くのか、役に立つのかという問題もある。

親学

二〇〇六年の改正教育基本法で第十条「家庭教育」が新設されるのを見据えて準備されてきたのが「親学」だ。

二〇〇五年、「改正教育基本法を具体的に推進するため」という目的でＰＨＰ親学研究会が発足し、『「親学」の教科書――親が育つ子どもが育つ』（ＰＨＰ研究所、二〇〇七年）発行に向けて動きだした。〇六年十二月十五日に教育基本法が改正されると、同研究会は十二月二十一日に親学推進協会に発展した。二十二日の同法の公布・施行の前日のことである。親学推進協会は〇九年には一般財団法人化された（木村治美会長、高橋史朗理事長）。初期に理事長を務め、その後会長になった高橋史朗によれば、倫理研究所は場所の提供、日本財団は助成を通して協会の活動を強力に支えていたといい（「親学推進協会」メールマガジン第百二十二号、二〇一〇年四月十三日発行）、日本財団は約一億二千万円の助成を二〇〇六年から一二年にわたっておこなっている

（「日本財団図書館」〔https://nippon.zaidan.info/dantai/0396677/dantai_info.htm〕［二〇二三年七月十日アクセス］）。

また、モラロジー道徳教育財団（廣池幹堂理事長）や日本青年会議所、ＰＴＡ、教員の団体で教育技術の法則化運動を前身とするＴＯＳＳ（Teachers' Organization of Skill Sharing、向山洋一最高顧問）なども親学の推進に関して重要な役割を果たしてきた。

「親学」は、教育の原点は家庭や親にあるとし、親や家庭、地域の教育力が不足しているという前提のもとで、「親のための学び」と、子どもや若者らに向けた「親になるための学び」を二本の柱として推進する。子どもの発達段階に応じた家庭教育のあり方や、母性と父性の役割を明確にすること、親が変われば子どもの心も育つという「主体変容」の考え方などを中心としている。そして「脳科学」も重視しながら「伝統的子育て」を推奨するのだが、「伝統的子育て」が具体的にどんなものかは曖昧なままだ。また「日本文化を伝える」ことも家庭の役割としている。

親学推進協会は、親学基礎講座や親学アドバイザー認定講座などの講座を各地で開催し、千人を超える親学アドバイザーを養成した。親学アドバイザーは地域などで講座などを開催するほか、石原慎太郎都知事時代から舛添要一都知事時代にかけて東京都が推進した「こころの東京革命」の講座として開催されていた親学講座の講師として派遣されることもあった。

親学推進協会では、「主体変容」の考え方を中心に置いた親学は「狭義の親学」、政府や自治体などが進めるものは「広義の親学」といわれていた。そして改正教育基本法下の第一次安倍政権で、親学は政府によっても推奨されていくようになった。

安倍政権下の「教育再生会議」第一次報告（二〇〇七年一月）で「これから親になる全ての人たちや乳幼児

図23　左からPHP親学研究会編『「親学」の教科書――親が育つ子どもが育つ』（PHP研究所、2007年）、PHP親学研究会編『親学アドバイザーの手引き』（PHP研究所、2007年）、富山「親学」推進委員会編『「親学」学習ワークブック』（浦山学園出版部、2014年）（撮影：山口智美）

期の子供を持つ保護者に、親として必要な「親学」を学ぶ機会を提供する」ことが含まれ、二〇〇七年四月には、「「親学」に関する緊急提言」の概要まとめを発表した。この「緊急提言」概要には、「子守唄を聞かせ、母乳で育児」「授乳中はテレビをつけない」などの項目が含まれていて、批判を浴びて見送りになった。だが、第二次報告（同年六月）、第三次報告（同年十二月）でも「親の学び」が取り上げられ、翌〇八年五月、福田康夫内閣下の「教育再生懇談会」第一次報告でも「親学など家庭教育について学ぶ」とされた。

さらに民主党政権下の二〇一一年、文科省「家庭教育支援の推進に関する検討委員会」が出した報告書「つながりが創る豊かな家庭教育――親子が元気になる家庭教育支援を目指して」でも、「親の育ちを応援する学びの機会の充実」がうたわれるなど、一二年以前は自民党、民主党政権ともに「家庭教育」として（広義の）親学を進めようとしていた（高橋史朗「家庭教育支援への不当な印象操作に反論する」「日本の息吹」二〇一三年一月号、日本会議）。一二年には、安倍晋三を会長とする超党派の親学推進議連（家庭教育支援議連）が設置されたが（詳細は後述）、大阪市の家庭教育支援条例をめぐって批判が殺到したことなどによって議連も頓挫。一三年には親学推進協会の理事長だった高橋史朗が会長に就任し、協会運営の中心になる理事長には富山県で専門学校や短期大学を運営している浦山学園の浦山哲郎理事長が就任した。

理事長の交代に伴い協会の事務局は東京から富山に移転し、協会は専門学校や短大での親学授業の展開にも力を入れるようになった。このほか、私立の学校でも「親学」を銘打った授業や保護者向けの講座などをおこなっているところもある。

親学推進協会は二〇一九年に再び事務局を東京に移し、講座などの開催を続けるとともに、自治体の家庭教育支援条例の制定も推進していたが、二二年に財政難を理由に解散した。

親守詩

親学との関連が深いのが「親守詩《おやもりうた》」だ。高橋史朗の「「子守唄は親から子へだが、その逆に親への〝報恩感謝〟の思いを表現する試みもあってよいのではないか」という思いをきっかけに」二〇〇四年に愛媛県松山市で松山青年会議所が募集して始まったという。子どもが親に向けての思いを詩として詠むもので、作文・詩、定型詩や連歌などの形式がある。特に小学校教員らが中心の教育技術研究団体ＴＯＳＳが、子どもが詠んだ五・七・五の句に対しての七・七で返事を返すタイプの親守詩を考案し、小学校、保育所、幼稚園

図24 「第2回親守詩全国大会」チラシ

などに広がっていった。

ＴＯＳＳは親守詩の目的を「戦後失われた家庭教育を取り戻すため」だと位置づけていて、大会ポスターなどでも「家族の絆」や「親子の絆」「親への感謝」を深める目的を強調している。

二〇一二年七月の埼玉県大会を皮切りに各地で親守詩の県大会がおこなわれ、一三年十月には東京ビッグサイト会議室で初の全国大会を開催。全国大会の主催は親守詩全国大会実行委員会だが、実質中心になってきたのはＴＯＳＳや日本教育文化研究所（明石要一所長）、親学推進協会（高橋史朗会長）などで、特にＴＯＳＳの役割が大きかった。共催として毎日新聞社、後援には内閣府や文科省、総務省などが名前を連ね、日本青年会議所やＰＴＡなども関わった。第二回以降の全国大会は朝日新聞社がもつ浜離宮朝日ホールで開催された。また、地方大会は各地の自治体、新聞社やテレビ局などが多く後援・協力してきた。

図25 「第2回親守詩全国大会シンポジウム　今、日本の子育てに必要なものは」2015年2月14日、浜離宮朝日ホール（撮影：山口智美）
左から：明石要一（千葉敬愛短期大学学長）、向山洋一（TOSS 代表）、高橋史朗（明星大学教授）、岩野伸哉（教育文化研究所理事長）

全国大会の開催に関わってきた親守詩普及委員会は二〇二〇年四月に解散したが、理由は公表されていない。親守詩全国大会も予定していた第七回大会が開催されず、それ以降全国大会は開催されなくなったが、地方大会は継続している。二二年七月の安倍元首相銃撃事件以降、地方大会の後援として旧統一教会系団体が入っていたことが問題になり、後援を取り消した長野県の自治体もあった。

親学推進議員連盟

親学は政治にも影響を与えるようになり、前述のように安倍政権下の二〇〇七年四月、教育再生会議で「親学」に関する緊急提言」の概要がまとめられたが、批判を浴びて提言は見送られた。

自民党が野党時代の二〇一二年四月、超党派の家庭教育支援議員連盟——いわゆる親学推進議員連盟が発足した。設立時の会長は安倍晋三、幹事長は民主党の鈴木寛、事務局長は下村博文の陣容で、社民党と共産党を除く超党派の議連だった。

親学推進議員連盟は、第1部で紹介した、大平政権下の「家庭基盤充実のための提言」の家庭基盤充実対策本部の再現を目指して結成されたという（「親学推進協会メールマガジン」第百二十二号、二〇二〇年四月十三日）。設立趣意書には「他に責任を転嫁しないで、自分が変わる（「主体変容」）ことによって、大災害などの国家的危機を乗り越えてきた、日本人の精神的伝統を親学として蘇らせ危機に瀕する日本の教育を再生していきたい」と記され、課題として挙げていたのが、家庭教育支援法やそれに基づく基本計画、親学推進本部の設立、地方では家庭教育支援条例や計画、親学の実施、親学アドバイザーの育成促進や派遣、家庭用道徳副読本の作成と普及、「発達障害・虐待の予防・改善に取り組む「発達支援プロジェクト」の推進」などだった。

年内の家庭教育支援法の制定を目指して結成された議連だったが、二〇一二年、大阪維新の会大阪市議団が作成した家庭教育支援条例素案のなかに発達障害の要因が「愛着形成の不足」であり、「わが国の伝統的子育てによって発達障害は予防、防止できる」などの文言が含まれていたことがわかり、批判が殺到。素案は白紙撤回に追い込まれ、親学推進議連も活動が難しくなり、一年足らずで解散に至った。

二〇一一年から一二年にかけては、沖縄県、大阪府、熊本県、長野県などで都道府県議による親学推進議連もつくられている。

親学推進議連のメンバー

呼びかけ人

安倍晋三・池坊保子・江口克彦・下村博文・鈴木寛・中山恭子・馳浩・山谷えり子・笠浩史・鷲尾英一郎

顧問　森喜朗・鳩山由紀夫・山口那津男・保利耕輔・渡部恒三・渡辺喜美・平沼赳夫・大島理森

会長　安倍晋三

会長代行　高木義明

副会長　町村信孝・河村建夫・伊吹文明・小坂憲次・中曾根弘文・塩谷立・小沢鋭仁・羽田雄一郎・池坊保子・江口克彦・中山恭子・荒井広幸・牧義夫・田島一成

幹事長　鈴木寛
幹事長代理　笠浩史
事務局長　下村博文
常任幹事　馳浩・衛藤晟一・橋本聖子・義家弘介・松野博一・有村治子・中川雅治・三ツ矢羅生・田村憲久・山谷えり子・長島昭久・鷲尾英一郎ほか十五人
事務局次長　上野通子・齋藤健・永岡桂子・室井秀子・長尾敬・本村賢太郎・永江孝子・小熊慎司・秋野公造

（二〇一二年、設立当時）（「親学推進協会メールマガジン」第百二十二号、二〇二〇年四月十三日）

家庭教育支援条例

二〇一二年、自治体で家庭教育支援条例を制定する動きが顕在化した。最初に制定されたのが一二年十二月の熊本県で、二三年四月現在までに十県六市で条例が制定された。県条例についてはすべてが自民党の議員による議員提案である。

条例の内容は、家庭を教育の原点だとしたうえで、「家庭の教育力の低下」が起きていることを前提とし、「親としての学び」「親になるための学び」を中心的な取り組みとして位置づけるもので、親学との共通点が

図26　くまもと家庭教育支援条例の啓発のためののぼりとポスター（撮影：山口智美）

多い。条例によって、岐阜県や徳島県などのように「祖父母の役割」を規定したり、茨城県や岡山県のように「就学前教育」に力を入れる、埼玉県志木市のように家庭でのインターネットやトレーディングカードなどの利用について取り決めをおこなうなど多少の違いはあるが、条例の内容はほぼ同じだ。

条例のもとでは「親のための学び」講座を開いたり、「早寝早起き朝ごはん」の習慣を推進したり、上手なほめ方や叱り方といった子育て方法を指南するなどの啓発中心の施策を展開している。条例も施策も一見よさそうな内容で問題が見えづらいため反対の声が上がることもまれで、議員や市民による目立った反対の動きが起きたのは大阪市、岡山県、旭川市などに限定された。

二〇一四年秋からは、自民党が家庭教育支援法案についての検討を開始し、一六年十月に素案を、一七年二月には修正案を発表し、同年十月の衆議院選挙の選挙公約に同法の制定を盛り込んだ。自民党案も、自治体の家庭教育支援条例を踏襲した内容だ。

親学推進協会やＴＯＳＳ、モラロジー道徳教育財団などが条例制定に向けた運動の中心を担ってきたが、二〇一六年ごろから、旧統一教会の動きが顕著になった。一八年ごろには旧統一教会や関連団体の関係者らが各地で法制定を求める請願を提出し、意見書が可決された自治体もあった。一五年から開かれた全国地方議員研修会も家庭教育支援法や条例を主要なテーマにしてきたが、旧統一教会の関連団体の関与が報じられている。また、関連団体と自民党議員の間で交わされた実質上の政策協定である「推薦確認書」にも家庭教育支援法の制定に賛同するよう明記されていた。

夫婦別姓問題に対する右派の運動

日本会議系の反対運動

二〇〇九年に民主党政権が誕生し、法務大臣に千葉景子、少子化担当大臣に福島瑞穂と選択的夫婦別姓を推進してきた議員が就いた。法務省が民法改正法案の概要を提示し、一〇年三月に閣議決定されかねないという状況になった。このことに危機感をもった日本会議が中心になり、国会議員らへのロビイング、五百万署名運動、地方議会での反対決議など総力を結集してそれを阻止した。日本会議は一〇年三月二十日、「夫婦別姓に反対し家族の絆を守る国民大会」という下村博文、山谷えり子らの国会議員、石原慎太郎東京都知事ら首長、さらに当時、連立政権で内閣府特命担当大臣だった国民新党の亀井静香までもが参加する五千人規模の大集会を開催した。反対署名も二百五十万に達するなど反対の勢いは大きく、民主党は夫婦別姓を実現することができなかった。

二〇〇一年に日本会議の女性組織として設立された日本女性の会（安西愛子会長）は、民主党政権時を「史

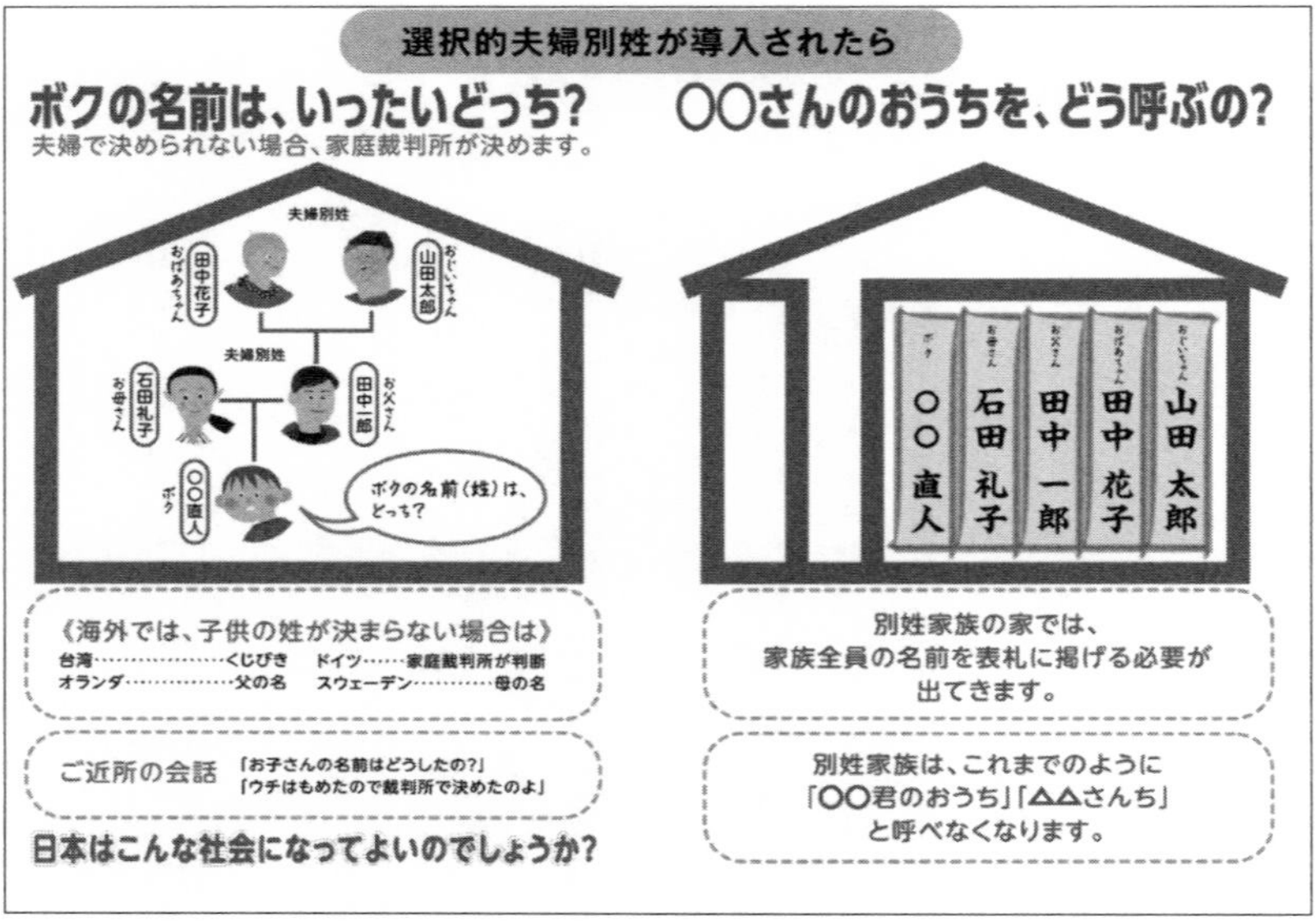

図27　日本女性の会の「選択的夫婦別姓を考える」啓発用リーフレット
（出典：「日本女性の会「選択的夫婦別姓を考える」啓発用リーフレットのご案内」「日本会議」〔https://www.nipponkaigi.org/activity/archives/13917〕［2023年7月24日アクセス］）

上最大の危機」と捉え、夫婦別姓を阻止しようと活発な運動を展開した。このように日本会議はその前身の段階から「家族の絆を守り夫婦別姓に反対する国民委員会」（渡辺昇一代表）を設立（一九九五年）するなど、一貫して夫婦別姓反対の運動を強力に展開している（「国民運動の歩み」「日本会議」〔https://www.nipponkaigi.org/activity/ayumi〕〔二〇二三年七月十日アクセス〕）。

夫婦別姓を認めない民法や戸籍法の規定は憲法違反だとして訴えた訴訟で、最高裁は二〇一五年と二一年、二二年に「合憲」と判断した。しかし、裁判官のなかには「違憲」と判断する者、補足意見を付ける者もあった。こうした状況に日本会議の機関誌で高市早苗は、「日本では家族は、「社会の最小の集団」として法に守られ、外からも「同一性」を認められて存在してきました」「日本は日本として、定着している「優れた戸籍制度」「ファミリー・ネーム」「家族単位の福祉や税制」を、堂々と守っていけば良いと考えます」と述べた（「私が選択的夫婦別氏制度に反対する理由」「日本の息吹」二〇二一年五月号、日本会議）。

なお、夫婦別姓と同様に民法改正のテーマだった婚外子の相続差別の解消については、二〇一三年九月四日に最高裁判所大法廷で、諸外国でも差別撤廃が実現していることなどを理由に、婚外子相続差別規定に違憲の判断を下した。それに対し日本会議系「美しい日本の憲法をつくる国民の会」幹事長である百地章監修の『女子の集まる憲法おしゃべりカフェ』（明成社編集部編集、明成社、二〇一四年）で「日本の結婚制度を根幹から揺るがす」などと最高裁判決を批判している（二三ページ）。

日本女性の会は二〇二一年に「選択的夫婦別姓」に反対する啓発リーフレットを作成した（図27を参照）。そこでは、別姓制度が実現したら「「○○君のおうち」「△△さんち」と呼べなくなります」などと「家」という概念を強調し、夫婦別姓に反対している。

旧統一教会系の反対運動

統一教会は、署名運動や大規模集会を催すなど大がかりな反対運動を展開してきた日本会議ほどではないものの、「世界日報」で別姓反対を主張したり、また旧統一教会に関連する政治団体である国際勝共連合が別姓反対の活動をおこなったりしてきた。「世界日報」の報道では、一九九六年に法制審議会が「選択的夫

図28　「やっぱり危ない！　選択的夫婦別姓論」リーフレット
（出典：国際勝共連合「やっぱり危ない！　選択的夫婦別姓論」〔https://www.ifvoc.org/problem_fufubessei/〕［2023年7月10日アクセス］）

婦別姓」を答申したのは、九三年の細川護熙連立政権以降、橋本龍太郎内閣までの間、日本社会党（一九九六年一月、社会民主党に改称）といった「左翼」政党が政権に入ったせいだと捉えていた（「政党メディア・ウォッチ」「世界日報」二〇〇九年六月五日付）。このように政策の動向についても「左翼」の影響が大きいと考えているようだ。

「世界日報」は、導入への機運が高まると「夫婦別姓の導入は、姓の意味を変えてしまうということだ。現在の制度では、両親と子は同じ姓になる仕組みで、姓は「家族の呼称」である。しかし、夫婦別姓は、家族の姓を持たない家族を認めることで、姓は「個人の呼称」になる。つまり、夫婦別姓の根底には個人主義イデオロギーがあり、家族の呼称で象徴される家族単位の社会を大きく変容させてしまう」と反対の理由を述べている（「［論壇時評］「夫婦別姓」の反対理由」「世界日報」二〇二一年五月二十九日付）。

第二次安倍政権以降、国際勝共連合は二〇二一年六月、「やっぱり危ない！ 選択的夫婦別姓論」というリーフレットを作成し、夫婦別姓が夫婦の一体感を阻害するものと批判した。祖父母から孫までの三世代家族という「縦の家族」を重視する日本会議チラシとは異なり、旧統一教会のチラシでは「夫婦」の重要性や、一夫一婦制による婚姻制度の意義を強調している。

国際勝共連合は、「文化共産主義」という用語を使った批判をよくするが、夫婦別姓についても別姓派が「妻や子供は夫に支配されている」「妻とか母とかいう言葉で犠牲を強いられている」などと「支配」の問題のように考えるのは「文化共産主義」に染まっていて「家族を敵と考え」「家族を壊そうとしている」ことを問題と捉えている。そして最初は夫婦別姓かもしれないが、戸籍制度を廃止したりと日本の婚姻・家族制度を根本的に破壊しようとするものだと警戒している（国際勝共連合「『選択的夫婦別姓制度』やっぱり危ない！5つの理由」［https://www.ifvoc.org/problem_fufubessei/］［二〇二三年七月十日アクセス］）。

第五次男女共同参画基本計画(二〇二〇年)での夫婦別姓の後退

二〇二〇年十二月、菅義偉首相の下、第五次男女共同参画基本計画が策定された。一九年十二月に内閣が自民党に示した際の原案には、選択的夫婦別姓制度の導入について「国会における議論の動向を注視しながら検討を進める」と推進派寄りの記述が盛り込まれていた。

かつて菅首相は選択的別姓に賛成の発言をしたこともあったため、高市早苗ら自民党内右派が反発し、猛烈な巻き返しを展開した。党内右派は、「「絆」を紡ぐ会」(高市と山谷えり子が共同代表)を新たに結成し衛藤晟一、片山さつき、有村治子ら右派議員が加わり、さらに安倍晋三と高市が顧問を務める保守団結の会の議員らと力を合わせて反対運動をおこなった。最終的に第五次基本計画から「夫婦別姓の検討を進める」という文言を削除させ、「戸籍制度と一体となった夫婦同氏制度の歴史を踏まえ、また家族の一体感、子供への影響や最善の利益を考える視点も十分に考慮し」などと夫婦別姓の実施に否定的な文言の記述に押し戻した(高市早苗「私が選択的夫婦別氏制度に反対する理由」「日本の息吹」二〇二一年五月号、日本会議)。基本計画に後退した内容が書き込まれたことによって、選択的夫婦別姓制度の実現はさらに難しくなった。

二〇一五年十二月と二一年六月、現行の夫婦同姓を定めた制度を合憲とする最高裁の判断が出た。しかし、いずれも夫婦同姓の規定は個人の尊厳と両性の本質的平等に立脚したとはいえず憲法第二十四条に違反するという複数の反対意見が付けられた。国会での議論を期待する意見もあったため、メディアでは国会での議論を求める報道が盛んになった。

こうした動きを受けて日本政策研究センターは、「合憲判断は薄氷の上に成立した」「今後、国会での別姓論議を求める圧力が更に強まる」などと危機感をあらわにした（小坂実「夫婦別姓最高裁判決・「合憲」判断の意義と新たな論点」「明日への選択」二〇二一年八月号、日本政策研究センター）。自民党では、制度の導入を目指す「選択的夫婦別氏制度を早期に実現する議員連盟」（浜田靖一会長）と、導入に反対し旧姓の通称使用の拡大を目指す「婚姻前の氏の通称使用拡大・周知を促進する議員連盟」（中曾根弘文・呼びかけ人代表）の双方が設立され、意見が対立している。

図29　自民党の下村博文政調会長（右から4人目）に提言をおこなった「「絆」を紡ぐ会」メンバー（提供：時事通信社）

「選択的夫婦別姓・全国陳情アクション」サイトの「各地の意見書可決状況」での賛成意見書の件数は、二〇二三年七月十一日時点での確認では三百七十三件へと増大しているという（〔https://chinjyo-action.com/area/〕〔二〇二三年七月二十三日アクセス〕）。そうした状況下で日本政策センターは、「陳情アクション」のはたらきかけが「国会議員を動かすこと」と「別姓裁判の判決に影響を与えること」を警戒し、「夫婦別姓に反対する意見書の提出に向けた行動を起こすことを提案したい」と呼びかけている（「地方議会政策情報　夫婦別姓問題——読売のミスリードと期待される反対意見書」「明日への選択」二〇二一年三月号、日本政策研究センター）。こうして二一年三月、岡山県議会と同県内の町議会を皮切りに熊本県議会、栃木県議会、福島県議会などで陳情アクションに対抗し、反対や通称使用拡充の意見書を出す運動が進められている。

「女性活躍」「一億総活躍」

二〇一二年、安倍晋三が首相に就任した。それまで男女共同参画へのバックラッシュのリーダー的役割を果たしてきた安倍は、第二次安倍政権のアベノミクスの成長戦略の一環として「女性の活躍」を打ち出した。そして「すべての女性が輝く社会」をキャッチフレーズに、待機児童の解消、職場復帰・再就職の支援、女性役員・管理職の増加などを提起していった。一四年九月に発足した第二次安倍改造内閣では、初の女性活躍担当大臣に有村治子が就任、女性の閣僚も過去最多の五人になった。

二〇二二年七月に安倍が銃撃によって死去したことを受けて、九月二十七日の「国葬」の際、岸田文雄首相は「追悼の辞」のなかで「国内にあっては、あなたは若い人々を、とりわけ女性を励ましました」と述べているが、これは安倍の女性活躍政策を念頭に置いたものだったのだろう。さらにUN women日本事務所も、死去が報じられた七月九日のツイートで「日本国内外におけるジェンダー平等のための彼のリーダーシップと献身は大変高く評価されていました」とした。

だが、実際のところどうだったのか。第二次安倍改造内閣の五人を最大として、そのあと女性閣僚数は減少する。バックラッシュをリードしてきた日本会議など宗教右派の支援を受ける有村治子を初の女性活躍担当大臣として指名するところからして、「女性活躍」の限界は明らかだった。

二〇一四年六月には首相官邸が「輝く女性応援会議」オフィシャルブログを開設し、八月にはオフィシャルサイトを開設する。オフィシャルブログは「SHINE!」をキャッチフレーズとして、初回は安倍首相の顔写真が大きく出たものだった。これに対し、女性が働きながら家事、子育て、介護もこなして「死ね」と言

図30　「SHINE!～すべての女性が、輝く日本へ～」を開設
（出典：「首相官邸」「Twitter」〔https://twitter.com/kantei/status/481255400893739009〕［2023年7月10日アクセス］）

図31　第3回「輝く女性の活躍を加速する男性リーダーの会」行動宣言賛同者ミーティング、2015年4月20日
（出典：「輝く女性の活躍を加速する男性リーダーの会　行動宣言」男女共同参画局〔https://www.gender.go.jp/policy/sokushin/male_leaders/meeting/meeting03.html〕［2023年7月10日アクセス］）

図32　第5回「輝く女性の活躍を加速する男性リーダーの会」行動宣言の賛同者ミーティング、2017年3月22日
（出典：「輝く女性の活躍を加速する男性リーダーの会　行動宣言」男女共同参画局〔https://www.gender.go.jp/policy/sokushin/male_leaders/meeting/meeting05.html〕［2023年7月10日アクセス］）

図33　第7回「輝く女性の活躍を加速する男性リーダーの会」行動宣言の賛同者ミーティング、2019年3月4日
（出典：「輝く女性の活躍を加速する男性リーダーの会　行動宣言」男女共同参画局〔https://www.gender.go.jp/policy/sokushin/male_leaders/meeting/meeting07.html〕［2023年7月10日アクセス］）

図34　第10回「輝く女性の活躍を加速する男性リーダーの会」リーダーミーティング、2022年11月21日
（出典：「輝く女性の活躍を加速する男性リーダーの会　行動宣言」男女共同参画局〔https://www.gender.go.jp/policy/sokushin/male_leaders/meeting/meeting10.html〕［2023年7月10日アクセス］）

っているかのようだとソーシャルメディアなどで批判の声が上がった。

さらに男女共同参画局は二〇一四年から「輝く女性の活躍を加速する男性リーダーの会」と銘打った会議を開催している。男性リーダーのネットワーキングや取り組み事例の冊子の発行のほか、地域シンポジウムも開催。神奈川県など女性の活躍応援団として、男性リーダーによる女性の活躍推進について広報をおこなう地方自治体もある。だが、中高年男性がずらっと並ぶ写真イメージが打ち出されるなど、男性リーダーの既得権益は保持したままの政策という印象も与えた。

外務省も、女性活躍を打ち出すイベントとして「国際女性会議

図35 「かながわ女性の活躍応援団」
(出典:「地域における男性リーダーのネットワーク」「輝く女性の活躍を加速する男性リーダーの会 行動宣言」男女共同参画局〔https://www.gender.go.jp/policy/sokushin/male_leaders/feature/kanagawa_01.html〕〔2023年7月10日アクセス〕)

WAW!」を二〇一四年から開催するようになり、国内、海外から政治家、官僚、企業トップらを招待した。一七年に招待されたのが、数々のセクハラを報じられてきた父親のドナルド・トランプ大統領の補佐官を務めていたイヴァンカ・トランプだったということが象徴するように、多くの女性が抱える問題や性差別の撤廃とはかけ離れた場になっている。さらに外務省は国連などの場で、日本の日本軍「慰安婦」問題への責任を否定し、「ジェンダー平等」推進とはかけ離れた発言を繰り返していることも指摘しておきたい。「慰安婦」問題についての日本政府の対応への批判をかわすために「女性活躍」を利用しているという側面もあるだろう。

華々しい啓発イベントをおこなうものの効果が不明な政策が打ち出されるなかで、二〇一五年には「女性の職業生活における活躍の推進に関する法律」（女性活躍推進法）、一八年には超党派の議連が中心となった議員立法によって、「政治分野における男女共同参画の推進に関する法律」が制定された。だが効果は疑わしく、政権与党である自民党の女性候補の割合が最も低いという状況も続いていて、相変わらず国際的にも日本の女性議員比率は先進国のなかで最低レベルのままだ。さらに女性の非正規雇用、賃金格差や貧困などの問題も続いていて、「女性の活躍」が声高に語られる半面、女子差別撤廃条約批准以来の本来の目的であるはずの「性差別の撤廃」が言及されることはなくなってしまった。

結局、安倍の「女性活躍」は少子・高齢化や移民政策の問題によって働き手が不足するなか、潜在的な労働力を駆り出すための施策だった。女性や高齢者などを労働力として使いながら、女性に出産も仕事もあらゆることをさせようとしているという魂胆が透けて見えるものだった。

二〇一五年十月、第三次安倍改造内閣で、加藤勝信が「一億総活躍」担当大臣に就任した。「女性活躍」

担当も兼任はしたものの、「一億総活躍」に焦点が当たるなかで「女性活躍」への注目はあっという間に薄れていく。その「一億総活躍」担当も岸田内閣で廃止になり、「女性活躍」担当大臣は置かれ続けているものの、兼任されることが多い「少子化」担当のほうに関心がもたれ、注目されることは少なくなっている。

トイレと女性活躍

「トイレ大臣と呼ばれてもいい」。初の女性活躍担当大臣・有村治子のこの言葉とともに、鳴り物入りの「女性活躍」政策として二〇一五年に提起されたのが、公共トイレの整備や高機能トイレを世界に広げるなどを掲げた「ジャパン・トイレ・チャレンジ」計画だった。

二〇一四年十月に決定された「すべての女性が輝く政策パッケージ」に基づいて有村大臣のもとで開催された「「暮らしの質」向上検討会」の提言に基づく計画だ。同検討会は「女性が暮らしやすくなる空間へと転換する「象徴」」としてトイレを中心的に取り上げ（「「暮らしの質」向上検討会提言」二〇一五年五月〔https://www.cas.go.jp/jp/seisaku/kurashinoshitsu/pdf/teigen.pdf〕［二〇二三年七月十日アクセス］）、「トイレ事例集」パンフレットも発行（内閣官房すべての女性が輝く社会づくり推進室「トイレ事例集 みんなでつくろう。みんなの〝暮らしやすい!〟を。」二〇一六年一月）。「きれいなトイレを維持」する事例として、素手でトイレ掃除をおこなうことで知られる「掃除に学ぶ会」の長野県内での活動も紹介している。そして、「ジャパン・トイレ・チャレンジ」の目玉として、有村は「日本トイレ大賞」を創設し、一五年度には商業

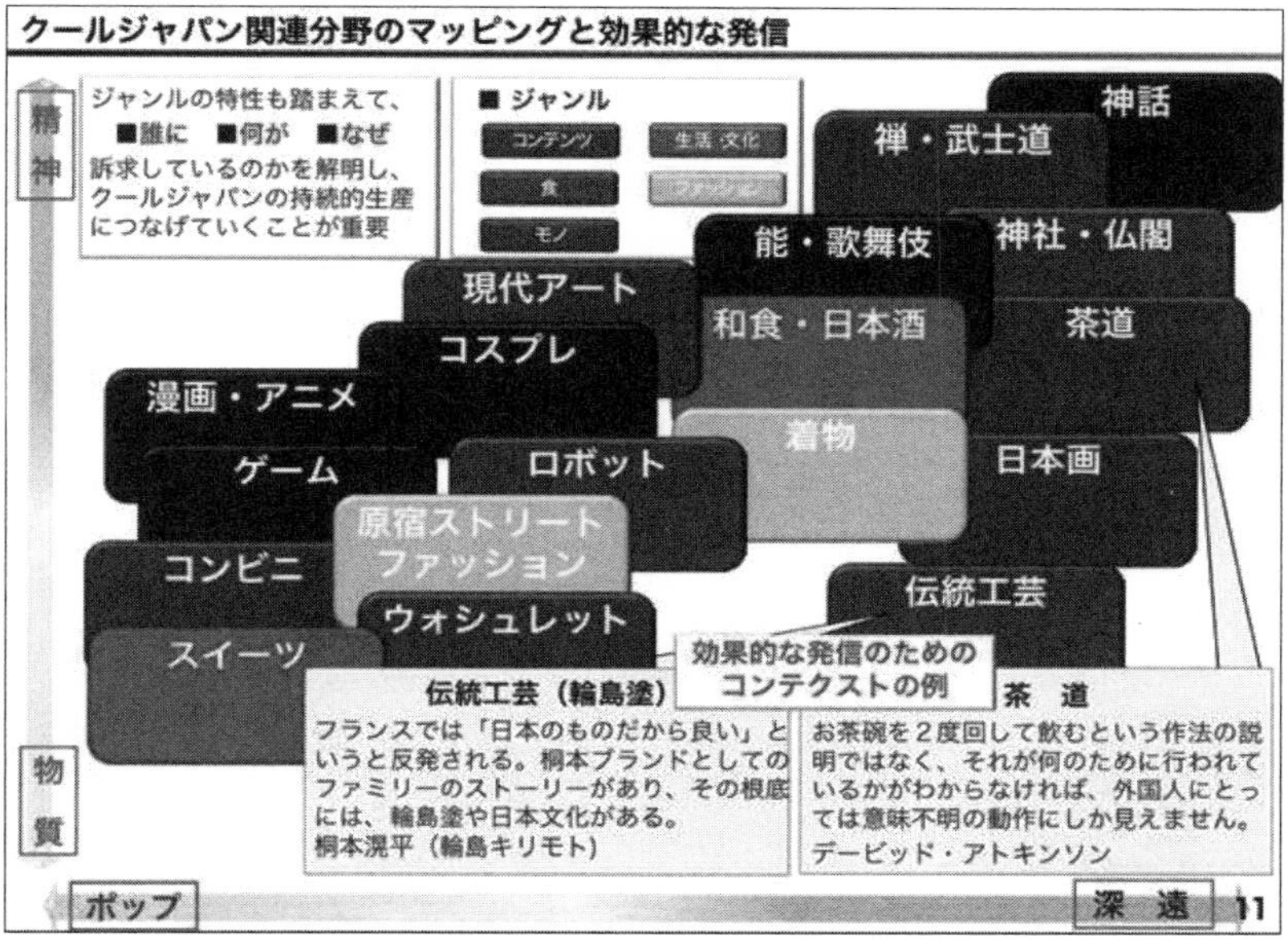

図36　内閣府知的財産戦略推進事務局「クールジャパン戦略について」2019年7月（https://www.cao.go.jp/cool_japan/about/pdf/cj_initiative）［2023年7月10日アクセス］）
「クールジャパン関連分野」として「ウォシュレット」も含まれている

施設、交通機関や学校、災害対応の場のトイレやトイレに関する途上国支援など、二十八の事例が受賞した。

　トイレの充実はいいことではあるが、それがなぜ「女性活躍」政策のなかで最重要かのような扱いになっていたのかは疑問だ。そして、実際、「ジャパン・トイレ・チャレンジ」では、二〇二〇年に開催が予定されていた東京オリンピック・パラリンピックに向けての「おもてなし」として主要空港のトイレを整備するなど、トイレを使った経済成長戦略としての目的も提示していた。訪日外国人らへのＰＲも兼ねた「クールジャパン」と紐付けられた案件でもあった。

　鳴り物入りで始められたはずの「日本トイレ大賞」は翌年の有村大臣の退

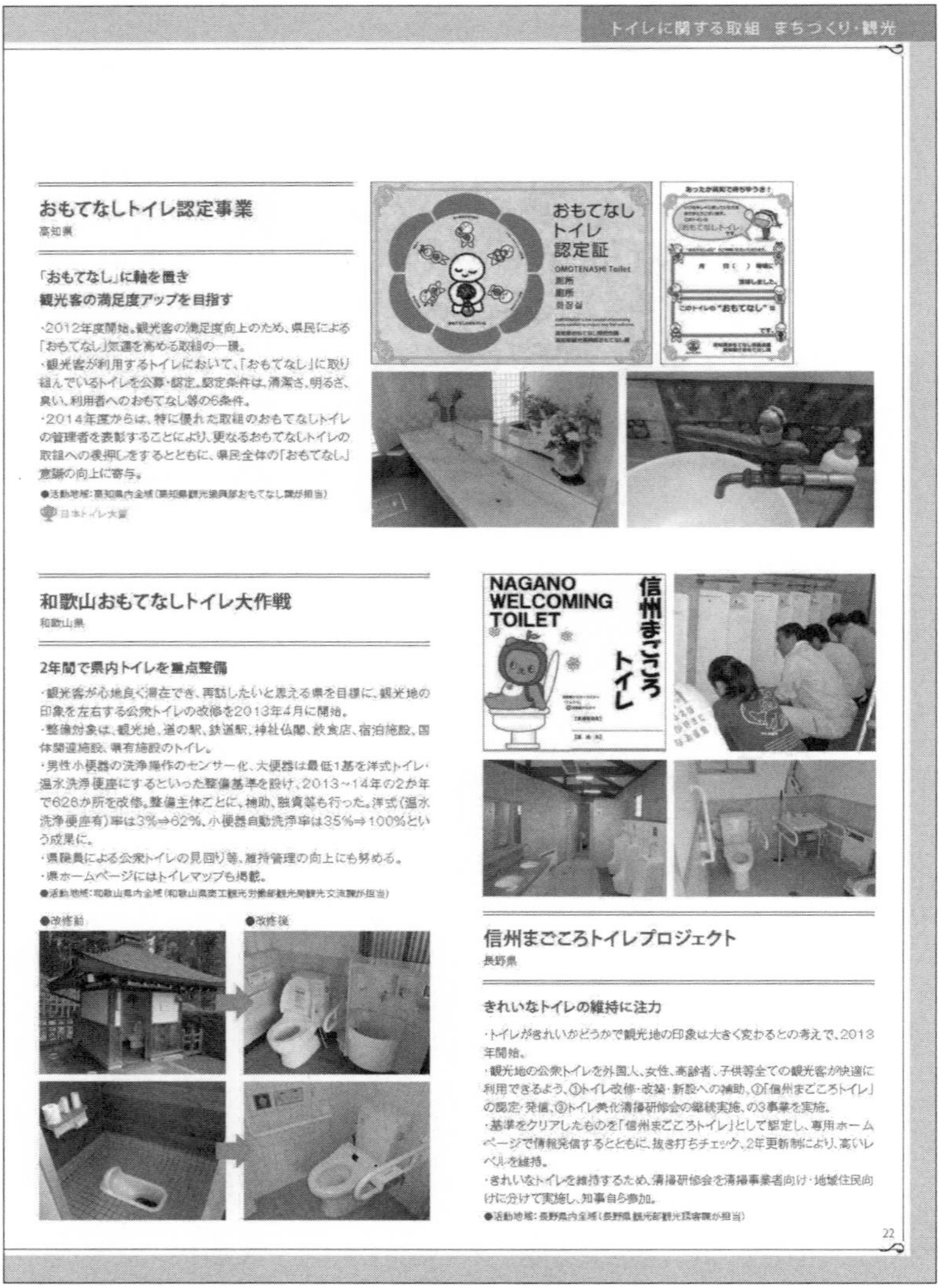

トイレに関する取組　まちづくり・観光

おもてなしトイレ認定事業

高知県

「おもてなし」に軸を置き 観光客の満足度アップを目指す

・2012年度開始。観光客の満足度向上のため、県民による「おもてなし」気運を高める取組の一環。

・観光客が利用するトイレにおいて、「おもてなし」に取り組んでいるトイレを公募・認定。認定条件は、清潔さ、明るさ、臭い、利用者へのおもてなし等の6条件。

・2014年度からは、特に優れた取組のおもてなしトイレの管理者を表彰することにより、更なるおもてなしトイレの取組への後押しをするとともに、県民全体の「おもてなし」意識の向上に寄与。

●活動地域：高知県内全域（高知県観光振興部おもてなし課が担当）

日本トイレ大賞

和歌山おもてなしトイレ大作戦

和歌山県

2年間で県内トイレを重点整備

・観光客が心地良く滞在でき、再訪したいと思える県を目標に、観光地の印象を左右する公衆トイレの改修を2013年4月に開始。

・整備対象は、観光地、道の駅、鉄道駅、神社仏閣、飲食店、宿泊施設、国体関連施設、県有施設のトイレ。

・男性小便器の洗浄操作のセンサー化、大便器は最低1基を洋式トイレ・温水洗浄便座にするといった整備基準を設け、2013～14年の2か年で626か所を改修。整備主体ごとに、補助、融資等も行った。洋式（温水洗浄便座有）率は3%⇒62%、小便器自動洗浄率は35%⇒100%という成果に。

・県職員による公衆トイレの見回り等、維持管理の向上にも努める。

・県ホームページにはトイレマップも掲載。

●活動地域：和歌山県内全域（和歌山県商工観光労働部観光局観光交流課が担当）

●改修前　●改修後

信州まごころトイレプロジェクト

長野県

きれいなトイレの維持に注力

・トイレがきれいかどうかで観光地の印象は大きく変わるとの考えで、2013年開始。

・観光地の公衆トイレを外国人、女性、高齢者、子供等全ての観光客が快適に利用できるよう、①トイレ改修・改築・新設への補助、①「信州まごころトイレ」の認定・発信、③トイレ美化清掃研修会の継続実施、の3事業を実施。

・基準をクリアしたものを「信州まごころトイレ」として認定し、専用ホームページで情報発信するとともに、抜き打ちチェック、2年更新制により、高いレベルを維持。

・きれいなトイレを維持するため、清掃研修会を清掃事業者向け・地域住民向けに分けて実施し、知事自ら参加。

●活動地域：長野県内全域（長野県観光部観光誘客課が担当）

22

図37　「トイレ事例集　みんなでつくろう。みんなの“暮らしやすい！”を。」内閣官房すべての女性が輝く社会づくり推進室、2016年、22ページ（https://www.cas.go.jp/jp/seisaku/kurashinoshitsu/pdf/jireishu_all.pdf）［2023年7月10日アクセス］

任もあり、一年だけで終了している。行列解消の工夫をした女性用トイレも推奨されていたが、安倍首相の「国葬」の際、会場になった日本武道館では男性トイレの前に大行列ができていたという。結局、安倍政権が推進してきた「女性の活躍」政策は、国のリーダーが集まる場に男性ばかりが集う状況を生み出し、大行列になったのが男性トイレだったという皮肉な結果にもなった（「「私をトイレ大臣と呼んで」有村女性担当相が公共トイレの快適アップにやる気満々」「産経新聞」二〇一五年八月二十四日付〔https://www.sankei.com/article/20150824-QZVJ5JZN7VLHZATN22NYSV5NUI/〕［二〇二三年七月十日アクセス］、「日本トイレ大賞の発表！」「内閣官房」〔https://www.cas.go.jp/jp/seisaku/kurashinoshitsu/hyosho/index.html〕［二〇二三年七月十日アクセス］）。

官製婚活・少子化対策

二〇〇〇年代に男女共同参画や性教育を攻撃するなどバックラッシュを主導し、ジェンダー平等や性教育などの政策を後退させてきた安倍晋三議員は、二〇一二年十二月に第二次安倍政権を誕生させるやいなや、「少子化対策」の名の下に、国や自治体が結婚や家族のあり方などのプライベートな領域に踏み込む「官製婚活」政策を開始した。「女性活躍」などをアピールしたため誤解されているかもしれないが、安倍政権は第一次も第二次以降も、LGBTQ＋の権利擁護やジェンダー平等に反対の立場で一貫している。なお「少子化」とは、一九九二年に日本政府が「出生率の低下やそれに伴う家庭や社会における子ども数の低下傾向」の意味で作った用語であり、その後一般化した。だが、人口学的に厳密な定義があるわけではなく、議論には曖昧さがつきまとうという（阿藤誠「少子化と家族政策」、大淵寛／阿藤誠編著『少子化の政策学』〔人口学ライブラリー〕所収、原書房、二〇〇五年、五四―五五ページ）。さらに、「出生率」という割合ではなく、「少子化」すなわち「子ども（人間）の数」（の減少）という、あからさまな表現をしていることに、人権に対する配慮のなさを感じ取ることができる。

「官製婚活」とは、二〇一三年から始まった「結婚・妊娠・出産・育児の切れ目のない支援」をうたう国の

図38　福井県県庁1階ロビー正面に飾られていた大型パネル「プロポーズ。ハイか YES で、答えてね。」（撮影：斉藤正美、2016年12月）

少子化対策の一環として年間三十億円前後の地方交付金を提供し、全国の自治体に競い合って取り組ませる結婚支援策のことである。一対一のお見合い・マッチングシステム、婚活パーティー、出会いイベント、結婚希望者を対象にした女子力アップなどの婚活セミナー、中学・高校・大学生などを対象に「妊娠適齢期」などを教え、早く産むことを啓発するライフプラン（ライフデザイン）教育、結婚の機運の醸成、などと幅広い。

少子化対策といえば、従来は少子化の原因を有配偶出生率の低下と考え、親が子育てと仕事の両立をしやすいように、保育園の充実や仕事との両立支援などの「子育て支援」を中心としていた。しかし安倍政権の少子化対策では、少子化の主な原因を若い世代での未婚率の上昇や、初婚年齢の上昇など未婚化・晩婚化の影響が大きいと捉え、未婚化・非婚化対策として新たに結婚支援に焦点を当てた。

二〇一五年の少子化社会対策大綱では初めて結婚支援を記載し、五年間集中的に取り組むことを決定した。同年、「アベノミクス・新三本の矢」のなかに「夢をつむぐ子育て支援（希望出生率一・八）」という数値目標

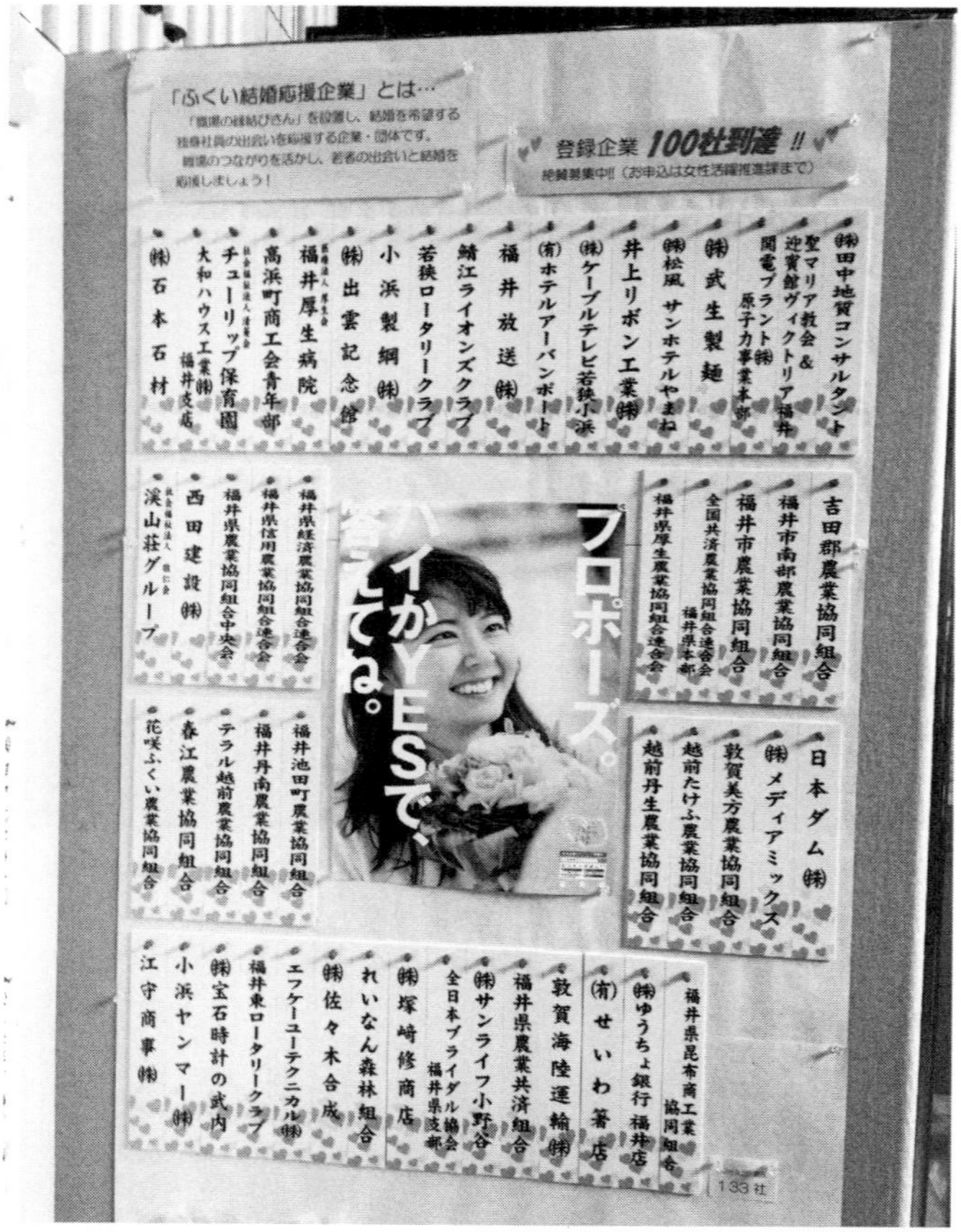

図39 「プロポーズ。ハイかYESで、答えてね。」ポスターを中央に「結婚応援企業」に登録した福井県内の企業の名前を貼り付けたボード（撮影：斉藤正美、2016年12月）

図40　「朝日新聞」2016年5月1日付の政府広報
この広告から、「女性活躍」が「一億総活躍」に飲み込まれたことがわかる。「アベノミクス・新三本の矢」で、「希望出生率1.8」「介護離職ゼロ」などが盛り込まれた。安倍政権の「成長と分配」政策の重要な環として、少子化対策や家族政策が位置づけられていたことがうかがえる

まで設定された。一六年には「ニッポン一億総活躍プラン」で十年に及ぶ詳細なロードマップを作成した。こうした「官製婚活」は女性が早く結婚して子どもをたくさん産むことを奨励するものであり、女性が誰といつ結婚するか、子どもをもつかもたないかという自由な生き方を認めるジェンダー平等に反する政策といえる。

実際、官製婚活が始まって、婚活希望の男性やその親のなかには、相手の女性が「産める女性か否か」を品定めするようになり「三十五歳までの（子どもを産める）女性がいい」と露骨にいうようになった人もいる。早く結婚するように仕向けようとした政府の意図とは裏腹に、仕事と家庭での性別役割分業が変わらない現状では結婚すると仕事が続けられなくなる、と結婚をリスクと考える女性も少なくない。

官製婚活は経済政策という側面もある。自治体が「結婚いいね」と結婚を醸成する機運を高

める政策を、地元企業を巻き込んで推進している（図39を参照）。このように政府が「結婚支援」に力を入れることで、出産年齢を超えた女性が結婚しづらい逆行した状況も生まれている。

二〇二三年四月に発足したこども家庭庁では、「少子化に対する国民全体の危機感共有のため」に「効果的な媒体」を使って情報発信をすることに二・五億円を計上している。予算がテレビや広告業界に回り、「結婚の機運」を醸成する番組やコマーシャルが全国で流れてくるとしたら、結婚していない人や結婚したくない人、子どもがいない人などは、プレッシャーをかけられているように感じたり、肩身の狭い思いをしたりすることも少なくないだろう。

少子化政策として効果があるかどうか測定不能な政策であるうえに、次に示すライフプラン政策のように、結婚して子どもをもつのが普通だという生き方モデルを子どもたちに示すことは、いくら少子化対策とはいえ、子どもたちが自由に生きる権利を侵害することに等しいのではないだろうか。

婚活議連、全国知事会、婚活・ブライダル業界

二〇一三年十一月、婚活業界をバックアップする婚活・街コン推進議員連盟（以下、婚活議連と略記）が自民党内に設立され、小池百合子衆議院議員（当時）が会長、石崎徹衆議院議員（二〇一九年、秘書への暴行が報道され二一年に辞職。現在は日本維新の会に所属）が事務局長を務めた（二〇二〇年六月から事務局長は前三重県知事の鈴木英敬議員）。森雅子少子化担当相、野田聖子党総務会長、田村憲久厚生労働相なども議連に参加した。

高まり結婚の原動力になる、とりわけふれあい体験がない男性は結婚の意思が弱いなど「ふれあい体験」が結婚に直結するかのような発言をしているにもかかわらず、全国の地方自治体からアドバイザーなどとしてひっぱりだことという状況がある（天野馨南子「少子化社会で急増する「赤ちゃんを知らない子どもたち」～イマジネーションの限界は実現可能性の限界～子どもたちに赤ちゃんとのふれあい環境を作ることの大切さについて」二〇一六年十二月七日、第四回結婚の希望を叶える環境整備に向けた企業・団体等の取組に関する検討会提出資料〔https://www8.cao.go.jp/shoushi/shoushika/meeting/kigyo/k_4/pdf/s6.pdf〕［二〇二三年七月十日アクセス］）。

「女性手帳」から「ライフプラン教育」へ

「ライフプラン（ライフデザイン）教育」とは、二十代での結婚・出産を増やすことを目的に、「卵子の老化」や「妊娠適齢期」を教え、就職・結婚・妊娠・出産といった人生設計（ライフプラン）を考えさせる、中学・高校・大学生や市民を対象とする啓発教育を指す。二〇一三年、第二次安倍政権下の少子化対策の審議会「少子化危機突破タスクフォース」で提案され、それ以来、安倍・菅・岸田政権に引き継がれ推進されている少子化対策の交付金事業の一つであり、全国の自治体が実施している。

同タスクフォースの議論に基づいて「生命（いのち）と女性の手帳」（仮称）が導入されるとマスコミが報じて「少子化の責任をすべて女性に負わせている」などという批判が殺到し、頓挫したかにみえた。だが、二〇一三年六月の「少子化危機突破のための緊急対策」では、当初案が「女性」と限定したことで強い反発

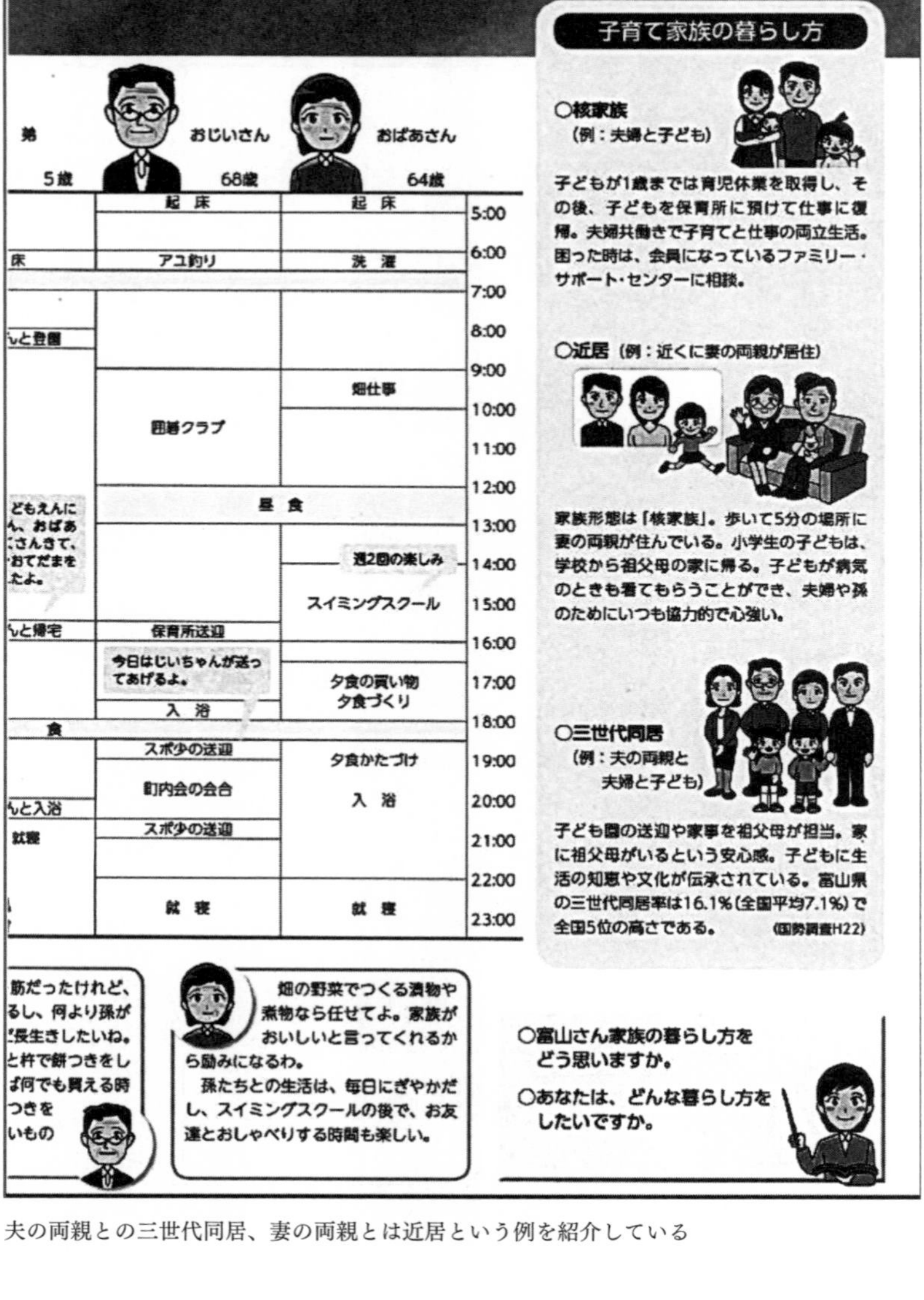

夫の両親との三世代同居、妻の両親とは近居という例を紹介している

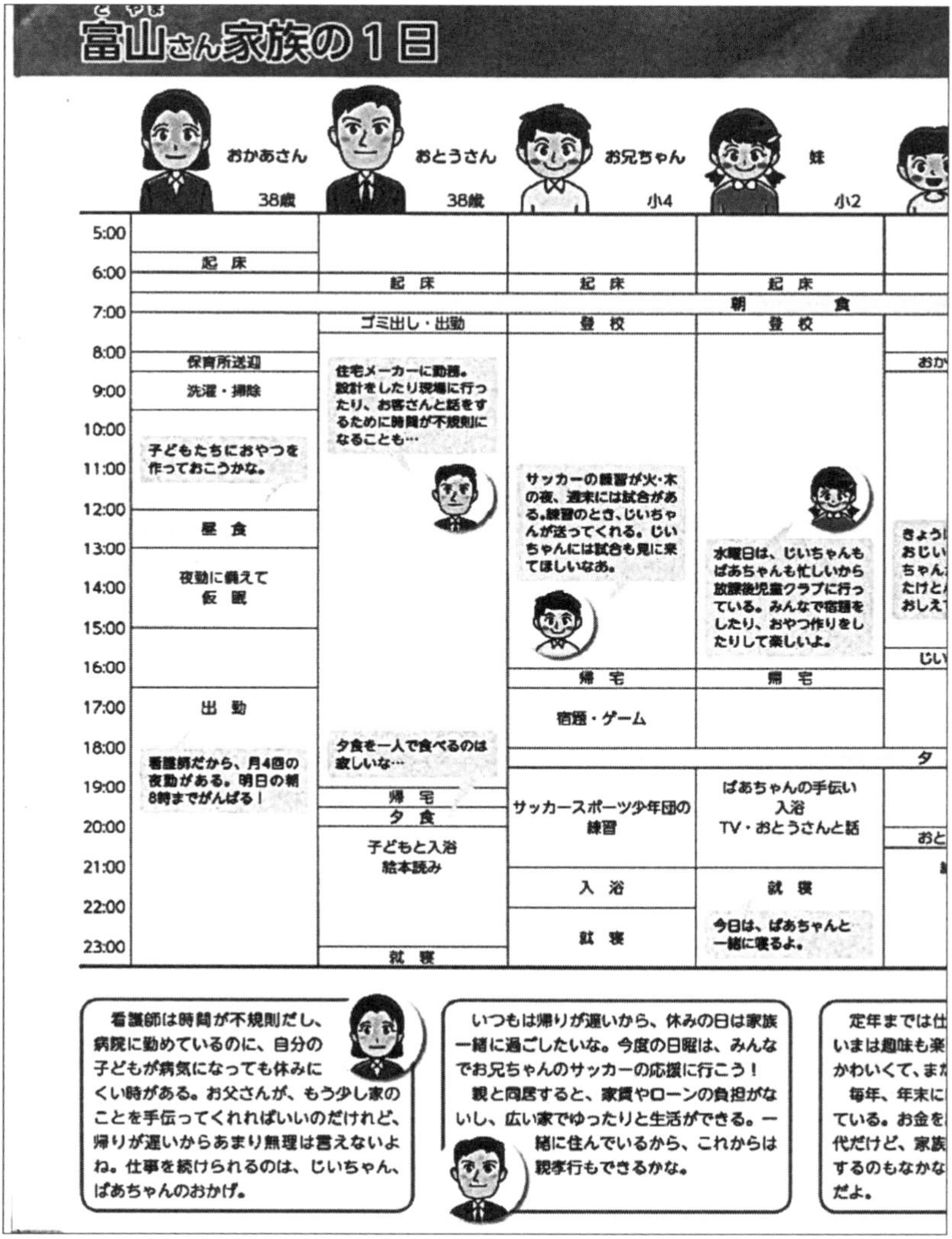

図43 『とやまの高校生ライフプランガイド――自分の未来を描こう』富山県教育委員会県立学校課、2016年

を受けたため、「女性及び男性を対象にする」ことを明確にしたうえで「妊娠・出産等に関する情報提供、啓発普及」をおこなう方針が公表された。つまり、「医学的・科学的に正しい知識」ということで卵子の老化や妊娠適齢期などの知識を中・高生に提供し、若いうちに妊娠・出産して子どもを多くもたせようというタスクフォースの当初からの趣旨は、「ライフプラン教育」という名前になって堅持された。

このライフプラン教育は、二〇一三年から少子化対策の交付金事業として冊子を作成したり、講座を開催したりするなどの取り組みとしておこなわれた。この取り組みは、「優良事例」を「横展開」するというものだったので、たちまち全国に同じような内容の冊子や講座が拡散されていった。この取り組みとあわせて中・高生におこなわれているのが「赤ちゃんふれあい事業」である。思春期の中学生が、婦人科病院や保育園などで妊娠・出産に関する知識を学び、赤ちゃんやその家族とふれあい体験をするというものだ（子ども時代に赤ちゃんとふれあうことの効用については、前項で触れた天野馨南子による言及がある）。

二〇一五年三月に策定された少子化社会対策大綱には、「医学的・科学的に正しい知識」「教育や情報提供に係る取組を充実」などが盛り込まれた。そして同年八月、文科省は高校・保健体育の補助教材『健康な生活を送るために』を改訂し、妊娠・出産に関する記事を多く盛り込んだ。しかし、この教材に掲載してある「妊娠のしやすさ」に関するグラフなどに不適切なものがあると抗議が起きて使用中止や回収の要請が出されるなどした結果、その後に修正が加えられた（西山千恵子／柘植あづみ『文科省／高校「妊活」教材の嘘』論創社、二〇一七年）。二〇二三年七月現在の内容は、文科省サイトでも読めるが、冒頭から「ライフプランを考えたことはありますか？」と問うとともに、「不妊で悩む人もいます」「妊娠と年齢の関係を知らない人が多い？」「医学的に、男女の加齢により妊娠しにくくなるといわれています」などと不妊や妊娠適齢期など

「産む」ための情報を多く提供している（「妊娠・出産に関連して」『健康な生活を送るために――高校生用 令和2年度版』文部科学省、二〇一五年〔https://www.mext.go.jp/a_menu/kenko/hoken/20210423-mxt_kouhou02-08111805_8.pdf〕［二〇二三年七月十日アクセス］）。

安倍政権が始めたライフプラン教育の根底にある結婚や家庭の価値、家庭での子育ての重要性については、日本会議や統一教会などの宗教右派がこぞって重視している。実際、右派のシンクタンク・日本政策研究センターや統一教会系シンクタンク・平和政策研究所は、それぞれ「ライフデザイン教育」を推奨している（子供・家庭・教育研究部会「道徳教育の教科化に伴う「性的自己抑制教育」導入の提言」二〇一四年十月二十三日「平和政策研究所」〔https://ippjapan.org/archives/556〕［二〇二三年七月十日アクセス］。日本政策研究センターの主張については次項を参照）。

バックラッシュの影響もあって性教育が十分におこなわれていないにもかかわらず、自治体が作成する中・高生向けのライフプラン教育の教材に、避妊や性感染症の情報をほぼ載せず、「妊娠適齢期」だけを提示するのは不十分だ。また、「ライフプラン教育」の冊子の問題はLGBTQ＋や独身、子どもがいない人たち、ひとり親など多様な生き方を奨励するのではなく、男女のカップルが子どもを二、三人もち、ときには三世代同居で家族内の「自助」を推奨するという「あるべき（モデル）家族」像を示している点も問題だ。多様な性のあり方についての情報も提示していないので、性的少数者や子どもを産めない人、産みたくない人などに生きづらさやプレッシャーを与える可能性も少なくない。性や生殖に関する健康と権利というリプロダクティブ・ヘルス／ライツ（性の自己決定権）を認めないことに等しい。

さらに、あるべき家族像を示すという点でも、『とやまの高校生ライフプランガイド』（二〇一六―二二年度、富山県教育委員会県立学校課）や『とやまの中学生ライフプラン』（二〇一七―二二年度、富山県教育委員会小中学校課）では、夫の両親との三世代同居を奨励し、おじいさんは鮎釣りなどの趣味に興じる一方、おばあさんは畑仕事や息子の家族のために家事・育児などで働きづめであり、孫は女の子だけ祖母の手伝いをする一方、男の子は何もしないという性別役割分業を強化する内容を掲載してきた（図43を参照）。現場からの批判や市民からの申し入れによって二〇二三年度からようやく改訂された。問題は、こうした性別役割分業家族や家庭内での「自助」を奨励するライフプラン教育やそのための冊子などの発行が富山に限らず全国各地で進行中であるなか、全国の自治体がそれぞれ実施しているため、問題点が広く共有されづらいということである。

前年度予算の三倍に増額された二〇二三年度こども家庭庁の「少子化対策」関連予算では「プレコンセプションケアを含む性や妊娠に関する正しい知識の普及」施策が予定されている。結婚はいいことだ、早いうちに結婚し、子どもをたくさんもとうという教育を全国各地でおこなうことは、性の多様性や自己決定権という視点がない教育をおこなうということである。しっかりとした調査をおこない、抜本的な見直しをすることが必要だ。

ライフプラン教育推しの右派シンクタンク

将来のライフプラン（ライフデザイン）を意識し、結婚や出産、「家庭の大切さ」を学ぶ「ライフプラン（ライフデザイン）教育」を提案したのは「少子化危機突破タスクフォース」の構成員だった家族社会学者の松田茂樹（中京大学教授）だ（「タスクフォース第一回議事概要」二〇一三年三月二十七日〔https://www8.cao.go.jp/shoushi/shoushika/meeting/taskforce/k_1/pdf/gijigaiyou.pdf〕〔二〇二三年七月十日アクセス〕）。早いうちに結婚して子どもをたくさんもつのがいい、と中学生や高校生などに啓発するライフプラン教育は第二次安倍政権時の施策として推進されたが、それに共鳴し、当時から積極的に連携していたのは右派のシンクタンク・日本政策研究センター（代表：伊藤哲夫）だった。小坂実「家族再生 「ライフデザイン教育」が若者と日本を救う」（『明日への選択』二〇一七年三月号、日本政策研究センター）では、結婚したくない若者が増えているのは、経済的事情のほか、一人でいるほうが気楽などという心理的な理由もあるとし、そういう若者には「結婚や出産のタイミング、結婚後の生活、結婚・出産するには仕事を含めてどうしたらよいか」という「自らのライフデザインを考える機会をもうける」のが「特効薬」だと主張している。

日本政策研究センターは、松田らが執筆した少子化対策の冊子を『「少子化」克服への処方箋――少子化・人口減少の原因分析と政策転換の提唱』（松田茂樹／加藤彰彦、『明日への選択』編集部企画・編集、〔政策ブックレット〕、日本政策研究センター、二〇一四年）として刊行する一方、『明日への選択』で松田や家族社会学者・加藤彰彦らの記事をしばしば掲載した。松田らの主張は右派のシンクタンクの考えと合致していたということだろう。

図44　松田茂樹／加藤彰彦、『明日への選択』編集部企画・編集『「少子化」克服への処方箋――少子化・人口減少の原因分析と政策転換の提唱』（政策ブックレット）、日本政策研究センター、2014年

松田はその後も少子化対策の審議会の有識者委員や座長として重用されてきた。二〇二三年度から少子化対策もこども家庭庁に移管されたが、そこでも松田はこども

家庭審議会の委員に任命されていて、「こども政策の強化に関する関係府省会議」で政策を提言するなど少子化対策への影響力は依然として大きい（松田茂樹「出生率回復のために、〈総域的な少子化対策〉の推進を」〔https://www.cas.go.jp/jp/seisaku/kodomo_seisaku_kyouka/dai2/siryou1.pdf〕［二〇二三年七月十日アクセス］）。

日本政策研究センターの伊藤哲夫代表は、安倍元首相に最も近いブレーンともいわれ、かつ自らも安倍首相の政策をバックアップしてきたことを集会などで認めている（「歴史認識問題研究会特別集会詳報」「正論」二〇二三年三月号、産経新聞社）。伊藤は、日本会議事務局を担ってきた人々と同様に、もともとは宗教団体・生長の家の政治運動に関わっていた。谷口雅春を創始者とする生長の家は、一九七〇年代から八〇年代には優生保護法の中絶許可条件から経済的理由を削除する「法律の改定」を目指していた。

旧統一教会系のシンクタンク・平和政策研究所でも「ライフデザイン教育」を推奨している。特に二〇一三年に政府の教育再生会議が発表した提言で道徳教育の教科化を打ち出したことに際して、結婚の意義や家庭の価値を学校でも教えるべきだとし、「性的自己抑制教育」の重要性が語られ「結婚や子育てに関する教育は、少子化対策としても重要である」と主張している（「人口減少と若者の未婚化から考える――結婚・出産・子育ての意義と次世代につながる社会づくり」「IPP政策ブリーフ」第十一号、二〇一九年十二月二十五日、平和政策研究所〔https://ippjapan.org/archives/1811〕［二〇二三年七月十日アクセス］）。

けれども、「結婚・出産・子育て」の価値だけを公教育の場で情報発信することは、「結婚・妊娠・出産・子育て」と進むコース以外の生き方を、あらかじめ「ライフプラン」から排除することでもある。とりわけ、性教育さえ十分におこなわれていない中学生や高校生を対象にそうした特定の生き方だけを教えることは、性の多様性を認めず、性と生殖に関する健康と権利（リプロダクティブ・ヘルス／ライツ）を侵害する可能性が大きいといえるだろう。

「恋愛支援」と内閣府「壁ドン」研究会

内閣府・男女共同参画局は、二〇二一年五月から二二年七月まで計十二回にわたって「人生100年時代の結婚と家族に関する研究会」（山田昌弘座長）を開催した。家族の姿に変化が生じているという前提のもと、どのような変化が生じているかについてデータを用いて明らかにし、課題を整理するという目的を掲げた研究会だった。

二〇二二年四月七日に開催された第十一回の研究会で、社会学者・小林盾構成員による「豊かで幸せな人生100年時代に向けた、恋愛の役割はなにか——恋愛格差社会における支援の未来形」というプレゼンテーションがおこなわれた。このなかで、小林は「恋愛格差」があるため「恋愛支援」が必要だとし、「今、結婚支援事業が各地でおこなわれています。そこに恋愛支援を組み込むとか、もう一つは、教育に組み込むということです」（同研究会議事録）と主張。配布資料には、組み込むべき恋愛支援の事例として「壁ドン」の教育と記されていた。また、「ハンサム・美人の方が恋愛には有利」だとしたり、「男性は八十キロ、女性は六十キロを超えたらもう恋愛の資格はないでしょう」という女性のインタビューも紹介していた。

内閣府のウェブサイトで小林の配布資料を見た山口智美が、暴力やハラスメントともなりうる「壁ドン」を教育に組み込むことが政府主催の研究会で議論されているという問題についてツイートしたところ、

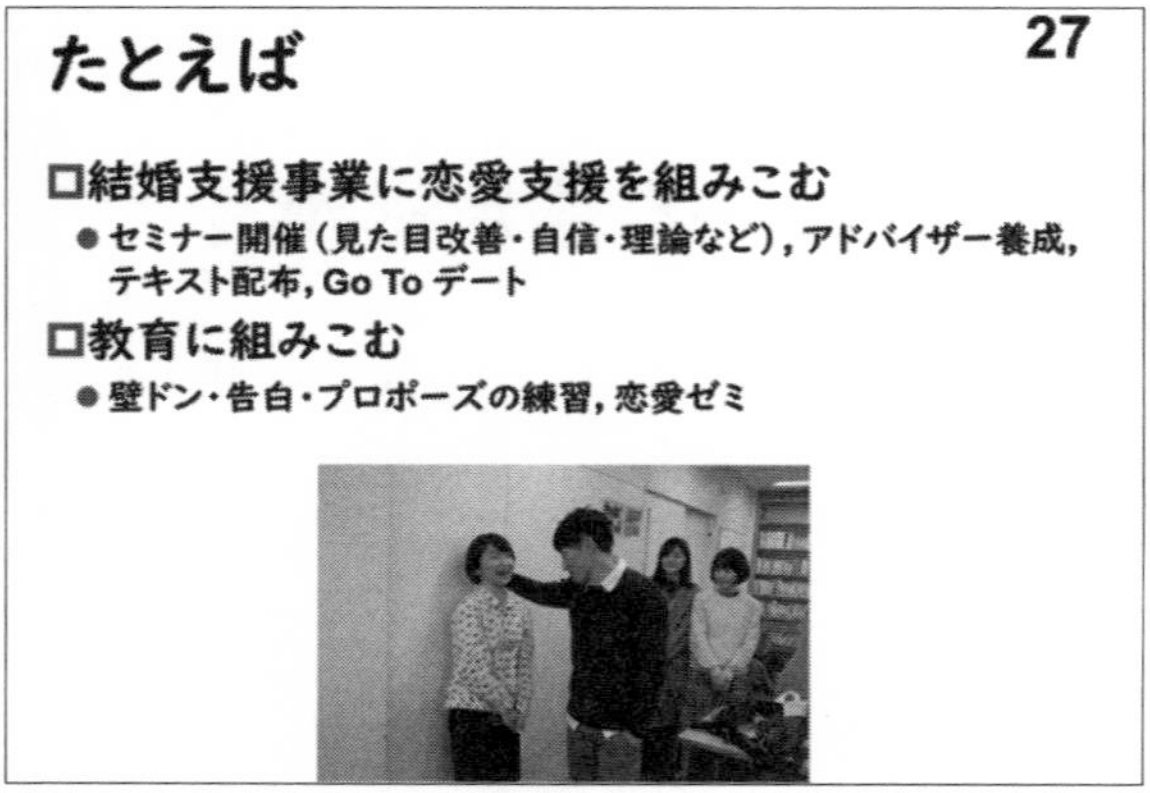
たとえば
27
□結婚支援事業に恋愛支援を組みこむ
●セミナー開催（見た目改善・自信・理論など），アドバイザー養成，テキスト配布，Go To デート
□教育に組みこむ
●壁ドン・告白・プロポーズの練習，恋愛ゼミ

図45　恋愛支援の事例として「壁ドン」を教育に組み込む
（出典：「豊かで幸せな人生100年時代に向けた、恋愛の役割は」なにか――恋愛格差社会における支援の未来形」2022年4月7日、内閣府人生100年時代の結婚と家族に関する研究会〔https://www.gender.go.jp/kaigi/kento/Marriage-Family/11th/pdf/3.pdf〕［2023年7月10日アクセス］）

「Twitter」上で批判の声が広がった。それをウェブメディアの「BUSINESS INSIDER」が記事化する（竹下郁子「内閣府の「教育で『壁ドン』練習を」に批判の声。〝結婚研究会〟担当者の見解は」二〇二二年四月十三日「BUSINESS INSIDER」〔https://www.businessinsider.jp/post-253000〕［二〇二三年七月十日アクセス］）とさらに反響を呼び、さまざまなウェブ媒体や雑誌、テレビのワイドショーに至るまで「壁ドン教育」の問題が取り上げられ、大きな批判を浴び炎上した。「壁ドン」はセクハラ、パワハラ、デートＤＶ（ドメスティックバイオレンス）にもなりうることや、ルッキズムを助長する内容なのではないかという点、そもそもこうした「恋愛支援」は内閣府の研究会で議論する内容なのか、経済的に結婚や子育てしやすい社会こそ重要なのではないか、政府による「恋愛」という個人の私的な領域への介入ではないかなどさまざまな批判の声が上がった。炎上を受けて、二〇二二年四月二十日、立憲民主党はこの研究会の「壁ドン」議論について内閣府男女共同参画局からヒアリングをおこなった。

後日になって、内閣府サイトに掲載された同研究会の議事録のなかに、「壁ドン教育」に触れた箇所はない。議事録の最後には小林の「補足説明」を掲載していて、小林は「恋愛支援」について「支援というからには対象は希望者のみで、決して強制とはできません」「支援を「受けない自由」もあります」とし、「各地で行われている結婚支援事業に、恋愛支援を組みこむことが考えられます」と述べているが、当該会議のなかで「もう一つは、教育に組み込むということ」と発言したことへの説明はない。また、小林は補足説明のなかで「壁ドン、告白、プロポーズなどを模擬体験することで、ハラスメント防止教育にこれらのハラスメントリスクを組みこめます。(略)ルッキズムとなりうるような言動についても、ハラスメントリスクのある事例として扱ってほしいところです」とも述べるが、当該配布資料ではハラスメント防止教育については全く言及していない。さらに補足説明では、「恋愛支援の目的は幸せな人が増えることであって、結婚や出産であってはいけません」ともいうが、配布資料には「恋愛は(事実として)結婚、出産の前提条件」と書いてあり、矛盾する。そもそも「壁ドン」などの「恋愛支援」を教育に組み込むことの問題が問われていたのに、それへの応答はないままだ(「人生100年時代の結婚と家族に関する研究会(第十一回)議事録」[https://www.gender.go.jp/kaigi/kento/Marriage-Family/gijiroku/pdf/11_gijiroku.pdf]〔二〇二三年七月十日アクセス〕)。

「朝日新聞」の報道(「「壁ドン」教育で恋愛弱者支援? 内閣府研究会に野党からも異論続出」二〇二二年四月二十一日「朝日新聞デジタル」[https://digital.asahi.com/articles/ASQ4N6V6RQ4NOXIE00D.html]〔二〇二三年七月十日アクセス〕)によれば、二〇二二年四月十五日の記者会見で野田聖子男女共同参画担当大臣は「恋愛・結婚は個人の自由な意思決定に基づくもの」としながらも、「恋愛できる環境についてリサーチすることは(少子化対策の)プロセスのスタートライン」だと述べていることから、この研究会が少子化対策の一環として想定されていることは明らかだろう。

結局、小林が研究会で記載を希望した「恋愛支援」は、最終の報告書には記載されなかった。

プロライフと右派運動

宗教右派には、「性と生殖の健康と権利（セクシュアル・リプロダクティブ・ヘルス／ライツ）」（リプロ）を否定する教団や団体も少なくない。分裂前の生長の家、旧統一教会といった宗教団体、ならびに生命尊重センターや日本会議などの団体は、リプロに対して非常に警戒し、抑え込もうとしてきた。こうした「『胎児の生命の尊重』をうたい、人工妊娠中絶の禁止を求める主張や立場」を「プロライフ」と呼ぶ。そして宗教右派に歩調を合わせてリプロを抑え込もうとするのが自民党安倍派などに属する右派政治家であり、安倍政権以降、岸田政権の現在まで、宗教右派と連携をとる右派政治家が重要なポジションに就いて政策を決定している状況が続いている。

生長の家は、一九三〇年に谷口雅春によって創立された右派の宗教で、第1部の「前史」でも書いたように、生長の家政治連合を創設して政治活動をおこない、特に中絶禁止を主張し、活動をおこなってきた。だが八三年に生長の家政治連合の活動を停止して自民党と距離を置くようになり、二〇一六年からは自民党への不支持を表明している。一方、生長の家から分裂した「宗教法人生長の家創始者谷口雅春先生を学ぶ会」（二〇〇二年設立。〔http://manabukai.org/features.html〕［二〇二三年七月十日アクセス］）は、安倍政権とは非常に近い関係を維持してきた。

分裂前の生長の家系政治家の一人である衛藤晟一衆議院議員は、現在、自民党の少子化対策調査会会長である。衛藤は、女性が郷里に帰って結婚し、子どもをもっと奨学金を減免するという政策を提案している（森岡航平「結婚・出産で「3分の1ずつ奨学金減免」 自民・衛藤少子化調査会長」二〇二三年三月十四日「朝日新聞デジタル」〔https://digital.asahi.com/articles/ASR3G6HZWR3GUTFK023.html〕〔二〇二三年七月十日アクセス〕）。この政策は女性が子どもを多く産むことを何よりも優先させる考えがにじみ出ていて、女性たちが「地方に戻ったらって私たち鮭かよ」「女性を鮭や家畜かのように扱う姿勢にNOを突きつけましょう！」とSNSで抗議を展開した。

また、衛藤は、二〇二二年の経口中絶薬の承認に反対して署名集めをした生命尊重センターが後藤茂之厚生労働大臣に署名を届けた際、山谷えり子とともに紹介議員として同席した。国会では衆議院議員・佐々木紀（石川二区）が中絶薬に反対の質問をするなど政治家も経口中絶薬反対の動きに連携していた。

なお、生命尊重センターは一九八四年にマザー・テレサが来日したことを機に発足し、「いのちは授かりもの」「胎児も人間」という思想に基づいて月刊誌「生命尊重ニュース」を発行するほか、「いのちの講演会」などさまざまな啓発活動をおこなっている。最近の活動としては、カトリック教会系の病院や医師と連携した経口中絶薬承認反対の署名活動などがある。代表は元NHKアナウンサーで熊野神社宮司の宮田修で、中絶反対の立場から講演活動などをしている（「アナウンサーから神主に転身 元NHK・宮田修さんの講演会」「あさひかわ新聞」二〇一六年十月二十五日付〔https://www.asahikawa-np.com/digest/2016/10/02601160/〕〔二〇二三年七月十日アクセス〕）。

経口中絶薬承認の是非に関するパブリック・コメントは約一万二千件寄せられ、うち承認に賛成が約三分の二にのぼった（「経口中絶薬の審議見送り＝意見1万件超、分析に時間――厚労省」二〇二三年三月二十四日「時事通信ニュース」〔https://sp.m.jiji.com/article/show/2916039〕［二〇二三年七月十日アクセス］）。こうした世論から経口中絶薬が承認されることが明らかになると、生命尊重センターは「母体保護法指定医の下で服用することなど慎重な対応を」という意見書を石川県議会など全国の議会に出す動きに転じた（「生命尊重ニュース」二〇二三年四月号）。経口中絶薬は認可されたものの、経口薬にもかかわらず手術並みの高額で使いづらいものになりそうである。こうしたリプロを抑え込む政策には、前述した衛藤、山谷らの政治家、研究者、宗教団体、啓発団体などが連携をとって関わっている。

旧統一教会も、近年は「少子化対策」などと機会を捉えて「人口妊娠中絶の見直し」を議論の俎上に載せようと積極的な活動に出ている。経口中絶薬に関しては、二〇二三年三月二十一日付「世界日報」が「経口中絶薬「生命の尊厳」を傷つけるな」という社説を掲載するなど中絶反対の動きを続けている。また、二一年九月には、同教団関連団体が関わる自転車イベント「ピースロード」の一環として富山県内の三カ所で「中絶条件を見直そう」という趣旨の講演会を開催していた（「〝中絶反対〟講演会専門家は」二〇二二年八月十九日「KNB WEB」北日本放送〔https://www.knb.ne.jp/every_reporting/〕［二〇二三年七月十日アクセス］、『情報ライブ ミヤネ屋』読売テレビ、二〇二二年八月二十五日放送）。講師は元ネパール大使の水野達夫で、「胎児の生きる権利」を基点として考え直そうと呼びかけた。講演会には国会議員、県議、市議らが多数参加し、県内自治体が後援した。こうした講演会は東京の多摩地区や岩手県盛岡市でも開催されるなど全国的な広がりももっている。人工妊娠中絶に見直しをかける動きは、一九七〇年代・八〇年代に生長の家の運動を背景に国会に上程する動きが起きた際も、「出生率の低下」を問題視し、「経済的理由」を削除するというものだった。現在起きている宗教右派の経口中絶薬の認可反対と母体保護法の経済的理由を削除して中絶をしづらくしようという動きも、プロライフの宗教右派が積み残してきた懸案の解決に向けた取り組みであり、丁寧にみていく必要がある。

加賀市の「生命尊重の日」条例と「生命尊重センター」

石川県加賀市は、二〇一七年六月「お腹の赤ちゃんを大切にする加賀市生命尊重の日条例」を制定した。この条例は、「お腹の赤ちゃんを社会の大切な一員として温かく迎えられるように、お腹の赤ちゃんと妊産婦を大切にするまちづくりの実現に向け、お腹の赤ちゃんを大切にする加賀市生命尊重の日（以下「生命尊重の日」という。）を定めるものとする」と「生命尊重の日は、七月十三日とする」の二文だけからなる、理念的な条例である。

宮元陸市長は、一九九九年から二〇一一年の石川県議時代のうち二〇〇〇年から〇八年にわたり、石川県の男女共同参画の発行物や自治体の条例や教育に関して、「ジェンダーフリー」「偏向教育」だという批判を十回近く繰り返した政治家である。宮元は、日本会議地方議員連盟設立代表発起人で、日本教育再生機構・代表委員・設立発起人も務めるなど日本会議系の活動も盛んにおこなってきた。加賀市は育鵬社の歴史教科書や日本教科書の道徳教科書を採択していて、家庭教育支援条例も市長提案として市として初めて制定する

図46 「加賀市健やか親子21計画（第2次後期）」加賀市、2020年4月、38ページ（http://www.city.kaga.ishikawa.jp/material/files/group/25/kagashi_sukoyakaoyako21_kouki.pdf）［2023年7月10日アクセス］

など、宮元のもとで右派色を強く打ち出している。

「生命尊重の日」とされる七月十三日は、一九四八年に一定の条件の下で人工妊娠中絶を認める旧優生保護法が公布された日である。生命尊重センターができた八四年に中絶を認めたこの日を逆手に取って、「日本の胎児の生命が粗末に扱われるきっかけになった日だからこそ「生命尊重の日」として命の大切さを思い起こす国民の日にしたい」とする動きも起きた（田口朝子〔生命尊重センター代表〕「生命尊重の観点から見た相模原事件――「生命尊重の日」を国民の日に」「生命尊重ニュース」二〇一六年十一月号、生命尊重センター）。加賀市も、合法的に中絶を可能にした日とわかったうえで、「胎児の命を大切にしよう」と呼びかけているのである。プロライフ派はしばしば、中絶せず

図47 「いのちの講演会」の案内。数多くの自治体や教育委員会のほか、NHKなど数多くのメディアが後援している
（出典：「いのちの講演会」円ブリオ京都〔http://embryo-kyoto.news.coocan.jp/kouenkai.html〕［2023年7月10日アクセス］）

に出産すれば出生率も上がると主張するが、加賀市もこの条例を「お腹の赤ちゃんと妊産婦を大切にするまちづくりの推進」政策の一つとしている（「加賀市健やか親子21計画（第2次後期）」二〇二〇年四月、加賀市〔https://www.city.kaga.ishikawa.jp/material/files/group/25/kagashi_sukoyakaoyako21_kouki.pdf〕［二〇二三年七月十日アクセス］）。

この条例制定に際し、宮元市長と連携して積極的に動いたのが「胎児の生命を尊重する」という生命尊重センターだった。「生命尊重の日」実行委員会はその前身で、一貫して「生命尊重ニュース」を発行している。この団体は現在も「生命尊重の日」を制定しようという運動を続けている。生命尊重センターが発行する「生命尊重ニュース」には、「いのちの講演会」の案内も掲載している。「いのちの講演会」には、「産みの日」にちなんだものもあり、助産師の永原郁子や京都大学大学院教授の明和政子がトークをおこなっていて、京都府、京都市などの自治体や地元メディアが多数後援をしている（「第28回記念　いのちの講演会」「円ブリオ京都」〔http://embryo-kyoto.news.coocan.jp/kouenkai.html〕［二〇二三年七月十日アクセス］）。

自治体は、産む・産まないというどちらの選択も可能とする環境を作るべき立場にある。それにもかかわらず、この条例は産まない選択への有形無形の圧力になりかねず、女性の自己決定権を十分に保障しないという点で問題がある。

プロライフによる「こうのとりのゆりかご」「妊娠SOS」

赤ちゃんポスト「こうのとりのゆりかご」は、自分では子どもを育てられない場合に匿名で赤ちゃんを預けることができる施設である。熊本市の慈恵病院が二〇〇七年から運営している。ドラマやニュースでも好意的に取り上げていることが多いのであまり認識されていない面があるかもしれないが、慈恵病院は、中絶を厳しく禁じているカトリック系の病院である。実際、慈恵病院の特別養子縁組サイトには「宗教上の理由から、人工妊娠中絶には対応させていただいておりません」と明記している（「慈恵病院特別養子縁組」［https://jikei-hp.or.jp/engumi/iryou/］［二〇二三年七月十日アクセス］）。

同病院が「赤ちゃんポスト」を始めたのは、中絶に反対する生命尊重センターの誘いを受けてドイツにあるベビークラッペの取り組みを視察したことがきっかけだ。なお生命尊重センターは、熊本の慈恵会との連携のほか、一九九三年には円ブリオ基金を設立し、困窮する妊産婦への出産費用の援助をおこなっている。円ブリオ基金は全国に支部があり、会員の人々は牛乳パックを利用した手づくりの募金箱で基金を呼びかけている（図48を参照）。

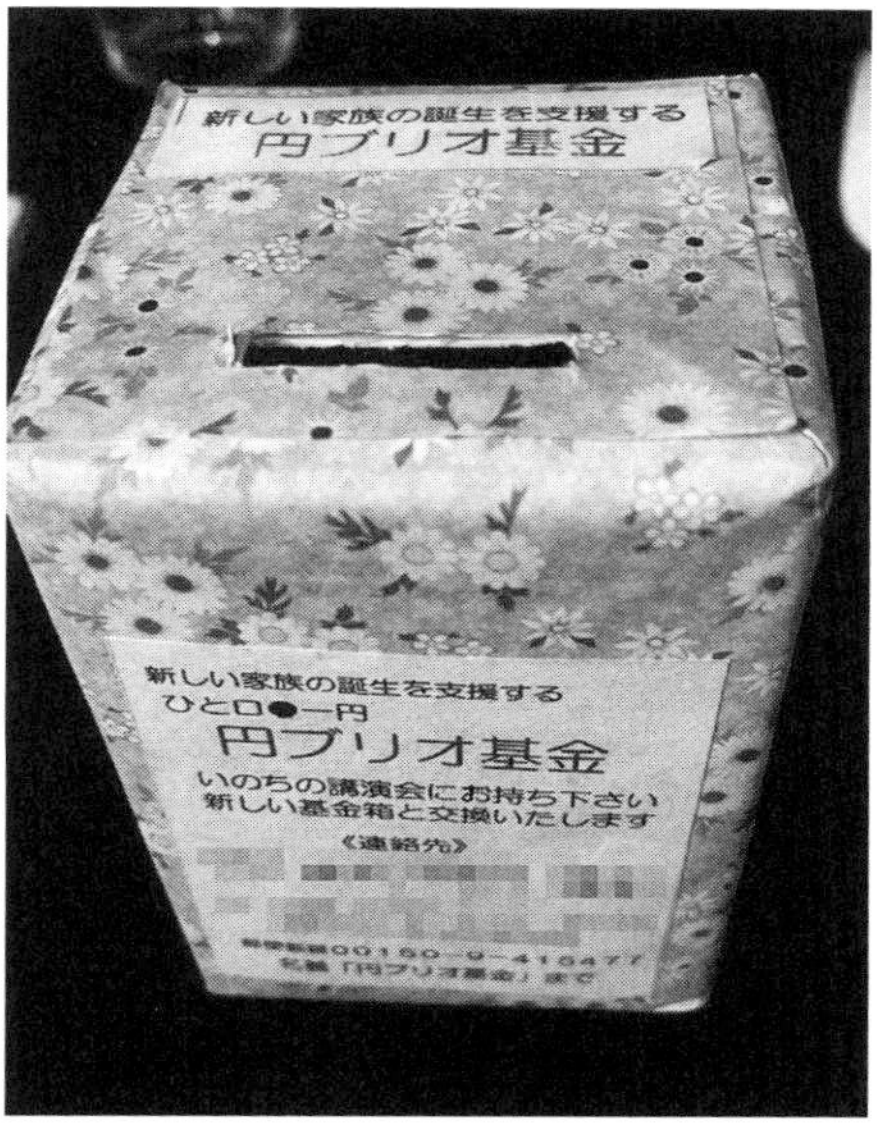

図48　円ブリオ基金の募金箱（撮影：斉藤正美）

二〇〇五年、円ブリオ基金センターは「お腹の赤ちゃんと妊産婦を守る相談窓口」設置に対する要望書を政府に提出し、〇六年に「家族・地域の絆再生」政務官会議PT「あったかハッピープロジェクト」で妊娠葛藤相談窓口、赤ちゃんポストの必要を提言したという（「団体活動の歩み」「円ブリオ基金センター」〔https://embryokikin.com/history.html〕〔二〇二三年七月十日アクセス〕）。この「あったかハッピープロジェクト」は、第一次安倍政権時代に山谷えり子政務官がまとめたものだという（髙橋史朗「安倍元首相の遺志と「和して同ぜず」の生き方を継承しよう」二〇二二年七月十九日「モラロジー道徳教育財団」〔https://www.moralogy.jp/salon220719-01/〕〔二〇二三年七月十日アクセス〕）。「あったかハッピープロジェクト」の中間報告には、「妊娠中絶を検討する際に、一度立ち止まって考える機会を与えられるよう」な「相談窓口等の支援制度を創設する」と書いてある（「「家族・地域の絆再生」政務官会議ＰＴ中間とりまとめ」「家族・地域の絆再生」政務官会議ＰＴあったかハッピープロジェクト、二〇〇六年五月〔https://www.kantei.go.jp/jp/kakugikettei/2006/0516seimukan_pt.pdf〕〔二〇二三年七月十日アクセス〕）。生命尊重センターをはじめ、「こうのとりのゆりかご」の慈恵病院などは妊娠相談窓口を設置している。こうした中絶に反対するプロライフ派が運営する「妊娠ＳＯＳ」の相談窓口が多くあるのは、「あったかハッピープロジェクト」が提起した支援の影響があるのかもしれない。だが、妊娠して葛藤を抱えた女性が助けを求めて相談窓口に電話しても、窓口のなかには一定程度、中絶という選択肢が最初から除外されているとしたら、女性の自己決定権が侵害されていることになり、問題は深刻だ。

学校現場に浸透する旧統一教会系の禁欲教育

性をめぐる教育についても旧統一教会が地域で地道な活動をしていることが安倍元首相の銃撃事件以後の

報道によって明らかになった。石川県や福井県では青少年エイズ予防教育研究会や思春期性教育研究会が「自己抑制教育認定講師」という肩書の講師を中学校や高校、大学などに派遣し「性の教育講演会」をおこなっている。二〇一九年には石川県の県立高校で「君は思春期をどう生きる」という講演を実施していた。これとよく似たタイトルの講演を福井県や石川県の高校などでおこなっているが、いずれも講師は前述の青少年エイズ予防教育研究会や思春期性教育研究会からの派遣である（「学校日誌　県立宝達高等学校7／10（水）思春期講座」二〇一九年七月十一日〔https://cms1.ishikawa-c.ed.jp/houdah/blogs/blog_entries/view/63/529a72daae397bf88e002d2370f97df8?frame_id=118〕［二〇二三年七月十日アクセス］）。

旧統一教会系の世界平和女性連合（WFWP）地方支部の幹部が「エイズ及び性感染症などの現状・自己抑制の大切さ・思春期の特性について」の性教育講演会の講師を務めていた事例も京都府内の複数の高校のほか、岐阜県、三重県などでもあった（「[高校]高校生に対する「性の教育講演会」の実施について」二〇一七年六月二十九日「金井学園」〔https://www.kanaigakuen.jp/press/high-school/entry-1437.html〕［二〇二三年七月十日アクセス］）。

なお性的自己抑制とは、性的交渉は結婚後に結婚当事者だけに認め、それまでは性を抑制するという性道徳を教えることで、旧統一教会が「子供たちの心身の健康を守り、将来の結婚の準備としても極めて重要である」とするいわゆる純潔教育である。平和政策研究所は、文科省が道徳の学習指導要領を見直すにあたって、「性的自己抑制の重要性」「結婚と家庭の価値尊重」「宗教心の尊重」の視点を導入せよと主張する（子供・家庭・教育研究部会「道徳教育の教科化に伴う「性的自己抑制教育」導入の提言」「平和政策研究所」〔https://ippjapan.org/archives/556〕［二〇二三年七月十日アクセス］）。こうした自己抑制教育はエイズ（ヒト免疫不全ウイルス）予防教育としてもおこなわれている。例えばガーナでは「コンドーム教育の不備を指摘し、結婚前の貞操を守る自己抑制教育を基本とした教材を使用してエイズ予防を指導している」という（「エイズ予防教育」「世界平和女性連合」〔https://wfwp.jp/wp-content/uploads/2020/01/ghana.pdf〕［二〇二三年七月十日アクセス］）。

世界平和女性連合は「国連が定めるSDGsに沿って、世界各国でボランティア活動」をする旧統一教会系の団体だが（「世界平和女性連合」〔https://wfwp.jp/〕［二〇二三年七月二十三日アクセス］）、学校現場以外に行政にも浸透していた。安倍銃撃事件後の報道によって、この団体が地方自治体の男女共同参画センターから活動支援を受けていたことがわかっている。例えば三重県の男女共同参画センター・フレンテみえでは、登録団体として認定されているという。同センター公式ウェブサイトによれば、登録団体は「男女共同参画社会の実現に向けた情報の発信や団体活動を支援」するために設けているといい、いったん登録すると「無料部屋の提供」や「PR支援」などを受けることができる（「フレンテみえ」〔https://www.center-mie.or.jp/frente/event/group/register.html〕［二〇二三年七月二十三日アクセス］）。しかも登録団体は「特定の政治・宗教を支持する団体ではないこと」を要件としているにもかかわらず、二〇〇九年に世界平和女性連合三重第一連合会を男女共同参画の登録団体として認定していたのだ（「県の男女共同参画センターに旧統一教会が登録団体として認定」「三重NEWSWEB」二〇二二年八月十日、NHK〔https://www3.nhk.or.jp/lnews/tsu/20220810/3070008574.html〕［二〇二三年七月二十三日アクセス］）。報道から約一年にもなる二三年七月二十三日に同センターに問い合わせたところ、同センターは三重県ダイバーシティ社会推進課と「見直しを検討中である」と答えた。結局、依然として活動を支援しているということだ。また、静岡県でも世界平和女性連合静岡第一連合会の「男女共同参画社会づくり宣言書」を県の公式ウェブサイトに掲載していたという（小山裕一「静岡県、旧統一教会系団体の宣言書を公式ＨＰに掲載　「対応を検討」」二〇二二年八月二十三日「朝日新聞デジタル」〔https://digital.asahi.com/articles/

ASQ8Q7GNLQ8QUTPB001.html〕〔二〇二三年七月二十三日アクセス〕)。静岡県はこの団体の取り組みを県のウェブサイトなどで紹介し、「男女共同参画」に貢献している団体だとPRしていた。二三年七月二十四日に静岡県男女共同参画課に問い合わせたところ、男女共同参画社会づくり宣言をしていた約千七百の事業所・団体のすべてを公式ウェブサイトから削除したといい、世界平和女性連合の扱いについては「今後検討する」と答えた。結局、いずれの自治体も一年たっても問題はまだ決着がついていなかった。

世界平和女性連合は、女性の経済自立支援・地位向上を目的の一つに掲げ「女性のエンパワーメント」を主張するものの、青少年の健全育成教育として「家庭を築くことの責任や意義など」家庭の価値を強調し、エイズ予防の名のもとで純潔教育をおこなっている点では、ジェンダー平等とは齟齬がある活動をしているといえる。

自民党改憲案

自民党は野党時代の二〇一二年四月、憲法改正草案（自民党改憲草案）を発表した。国家権力を縛り人権を守るためであるはずの憲法が逆に国民を縛るものになっていることや、憲法改正の発議の条件が緩和されていることをはじめ、さまざまな問題が指摘されている。

自民党改憲草案のなかで、個人の尊厳と両性の平等を定めた第二十四条についても現行の条文からの変更を提案している。改憲案は、「家族は、社会の自然かつ基礎的な単位として、尊重される。家族は、互いに助け合わなければならない」という「家族保護条項」を加えている。個人ではなく家族を「自然かつ基礎的な単位」としながら、「互いに助け合わなければならない」と相互扶助の義務を課すという内容である。この家族の規定の新設について、自民党が発行した「Q&A」文書では、「昨今、家族の絆が薄くなってきていると言われています」という曖昧な主張に基づいて説明している。さらに、現行第二十四条の「婚姻は両性の合意のみに基づいて成立」という文面から「のみ」を削除し、当事者二人以外の婚姻への介入をほのめかしている。また新たに「扶養」「後見」などに言及し、「親族」などの文言も追加している。

二〇一二年十二月に第二次安倍内閣が発足すると、自民党は「悲願」とする憲法改正に向けて積極的に動き始め、広報活動も本格化させた。一五年には自民党憲法改正推進本部（船田元本部長）が、憲法改正のポイントを解説した漫画政策パンフレット「ほのぼの一家の憲法改正ってなぁに？」を発表。三世代同居の家族で、高齢の祖父が、憲法改正に関して不安に思う家族（特に唯一の女性である母親）に対して、憲法改正の必要性を教え諭す内容である。また、二〇年には自民党ウェブサイト上に「教えて！もやウィン」という憲法改正漫画を掲載。第一回の憲法改正が必要だとする内容でダーウィンの言葉を誤用していて、進化論について理解が間違っていると大炎上した。

二〇一八年、安倍政権下で自民党が①第九条に自衛隊を明記、②緊急事態条項、③参議院の合区解消、

ほのぼの一家の
憲法改正ってなあに？

図49　漫画政策パンフレット「ほのぼの一家の憲法改正ってなあに？」（https://storage.jimin.jp/pdf/pamphlet/kenpoukaisei_manga_pamphlet.pdf）［2023年7月10日アクセス］

進化論
わたしはもやウィン
ダーウィンの進化論ではこういわれておる
最も強い者が生き残るのではなく
最も賢い者が生き延びるのでもない。
唯一生き残ることが出来るのは
変化できる者である。
キラン
これからの日本をより発展させるために
いま憲法改正が必要と考える

図50　大炎上の自民党「教えて！もやウィン」
（出典：自民党「憲法改正ってなあに？――身近に感じる憲法のおはなし」〔https://www.jimin.jp/kenpou/manga/first/〕［2023年7月10日アクセス］）

④教育の充実の「改憲四項目」を提示。このうち重視されているのは明らかに第九条と緊急事態条項だった。現在、岸田政権下では、岸田首相は四項目同時改正にはこだわらないと発言したり、党役員らが四項目の見直しを提起したりするなどの動きもみられる。

日本会議系の女性に向けた改憲運動
――『女子の集まる憲法おしゃべりカフェ』や憲法「かえるん♪」エコバッグ

第二次安倍政権の下、二〇一四年十月に「美しい日本の憲法をつくる国民の会」を結成するなど、一四年ごろから日本会議系の右派は改憲運動に力を入れ始めた。憲法改正のための国民投票を見据え、改憲に反対する率が世論調査などで高いと出ている女性を改憲運動の主要なターゲットに位置づけた。結成時の「国民の会」の共同代表三人（櫻井よしこ、田久保忠衛、三好達）のうち、同会ウェブサイトや同会が使うのぼりなどで顔写真を盛大に掲載しているのは、女性の櫻井よしこだ。

図51　百地章監修、明成社編集部編集『女子の集まる憲法おしゃべりカフェ』（明成社、2014年）と『まんが 女子の集まる憲法おしゃべりカフェ』（明成社、2015年）（撮影：山口智美）

二〇一四年九月には冊子『女子の集まる憲法おしゃべりカフェ』（百地章監修、明成社）を発行。さらに同題のマンガ版冊子も発行し、「YouTube」アニメ動画も作成。冊子の帯には「「憲

図52　かえるん♪エコバッグと宣伝のためのチラシ（撮影：山口智美）

法」って聞いただけで眠くなっちゃう…そんな女子たちも、このカフェでは世間話がいつのまにやら憲法の話に……」、マンガ版冊子の帯には「これさえ読めばモヤモヤ解消！　そして、今日から知的女子♪」などと記してある。また、内容も、カフェのマスターである中年男性が、カフェの客である女性たちに憲法改正の重要性について説教するというものだった。第九条に自衛隊を国防軍に変えて明記するという主張の章のタイトルは「やった！自衛官との合コン決定♪自衛隊ってかっこいいよね！」という具合に、女性の知性が低いかのように扱うスタンスが際立つ。

日本会議は憲法改正運動を応援するゆるキャラ「かえるん♪」を作り、オンラインショップや集会などで「かえるん♪エコバッグ」を販売。チラシには「折りたためて便利！野菜も入る！」と、女性が主要ターゲットと想定される宣伝文句も書かれている。

二〇一五年ごろから、日本会議の女性部門・日本女性の会は各地で「憲法おしゃべりカフェ」「なでしこカフェ」などと名付けられた女性向けの改憲勉強会を開始し、いまでも活動を続けている。

「美しい日本の憲法をつくる国民の会」と「家族」

二〇一四年十月、日本会議は「美しい日本の憲法をつくる国民の会」（櫻井よしこ、田久保忠衛、三好達共同代表）を結成した。同会は「憲法改正国民投票」の実現と、過半数の賛成による憲法改正の成立を目的とした運動を展開。一千万人の賛同者を目指す署名運動や、憲法改正案発議を目指す国会議員の署名運動、地方議会決議の推進、地方組織の設置や各地でのキャラバン、集会などの啓発活動をおこなっていった。

神社からオンラインまでさまざまな場所でおこなわれてきた同会の署名運動は、国会などどこかに提出するための署名ではなく「憲法改正が成立する「国民投票の過半数」を実現するための国民ネットワークづくり」のためのものだという。署名で集めた情報が名簿になり、憲法改正の国民投票に向けて活用できるというわけだ。

「国民の会」は二〇一八年、「憲法改正ドキュメンタリーＤＶＤ」として『「世界は変わった　日本の憲法

図53　DVD『世界は変わった　日本の憲法は？――憲法改正の国民的論議を』総指揮：百田尚樹、監修：櫻井よしこ／百地章、美しい日本の憲法をつくる国民の会、2018年

は？」――憲法改正の国民的論議を』を制作し、上映運動を開始した。俳優の津川雅彦や「国民の会」共同代表の櫻井よしこ、幹事長の百地章も出演し、改正の必要があるとして特に扱われたのが、第九条、緊急事態条項、そして家族保護条項（第二十四条）の三項目だった。

ＤＶＤでは、第九条、緊急事態条項については津川雅彦のナレーションでのドラマ仕立ての内容だが、家族保護条項についてだけは百地章が解説する教育ビデオのような作りだ。『サザエさん』の人気の秘密は三世代同居の大家族を体現して「家族の形」を失っていないからという説明から始まり、戦後の日本では個人を絶対視していて、家族が崩壊しつつあるとする。だから「憲法に家族を明記し、家族の強い絆を取り戻す必要」があるという。

百地は、「家族には男女の合意による婚姻で成立する横軸としての側面だけでなく、祖父母、父母、子、そして孫と続く、縦軸の家族共同体という側面があります」と説明。特に「縦軸」こそ憲法に明記し、「個人」で

図54　DVD『世界は変わった　日本の憲法は？』で、家族の価値についてサザエさん一家に言及しながら解説する百地章

はなく「家族」を社会の単位として保護すべきだとする。国の基礎単位を、現行の「個人」ではなく「家族」にすべきだという主張だ。ここで百地が想定する家族は「縦軸」のつながり重視、すなわち「イエ制度」的な家族のあり方である。さらに百地は、家族保護条項を憲法に加えれば「子供の教育やしつけの場として、家庭、家族を見直し、家庭教育を再生することができます。また、高齢者の介護を支える場として、家庭、家族を再評価し、福祉の充実に役立てることも可能となるでしょう」と述べている。つまり、子育てや介護などを「公」が担うのではなく、家族内で中心的に担う、すなわち「自助」であるべきという考え方である。「自助」や「自己責任」を重視する新自由主義の考え方も見て取れる。すなわち、伝統的な家父長制に基づく「イエ制度」回帰と、新自由主義との両方を主張しているのだ。こうした「家族」のなかで、性別役割分業に基づいて家事労働や子育て、介護などを一手に引き受けることになり、公の援助もないなかで疲弊していくのはまずは女性たちだろう。

第二十四条に家族保護条項を追加する案は、日本会議・「国民の会」だけでなく、日本政策研究センターや国際勝共連合なども改憲案として提示していて、右派勢力に重視されてきた。

第二十四条改憲が意味するものと「家庭基盤充実政策」

現行憲法の第二十四条は個人の尊厳と両性の平等を定めた条文だが、右派はこれを、「いきすぎた個人主義」であり、家族崩壊を招く条文などと主張する。そして第二十四条改憲案では、社会の基本単位が個人から家族になり、家族の助け合いの義務を課す。婚姻に関しても当事者以外の第三者の意向が入る余地を与え、縦の関係性としての家族を強調している。

こうした第二十四条改憲案の源流にあるのが、第1部でも言及した一九七〇年代に大平正芳首相下で打ち出された家庭基盤充実政策の「日本型福祉社会」構想だ。そして「縦」の関係を重視する「伝統的家族」が打ち出されるなかで、子育てや介護を主に担うのは女性だという前提になっているのだろう。この家族観に基づいて再生が望まれているのが「家庭教育」ということになる。第二十四条改憲案では、個人よりも縦の関係性としての家族や国こそを優先し、戦前の家制度を彷彿とさせるが、同時に「日本型福祉社会」構想に基づいて「自助」を強調し、新自由主義も強く打ち出している。

新自由主義に基づくアベノミクスを進めた安倍政権は、結婚・出産・子育てを前提とする生き方だけを推奨する「官製婚活」や「家庭教育」を推進し、「三世代同居」など特定の家族のあり方をモデルとした。改憲以前に、政策や法を通して、国家は私的領域に介入し、個人の尊厳もジェンダー平等も骨抜きにされていった。

安倍のあと二〇二〇年に首相に就任した菅義偉も所信表明演説のなかで、自身が目指す社会像は「自助・共助・公助」そして「絆」だと述べた。「自助」を最優先しながら「絆」を打ち出す方向性は安倍やそれまでの自民党と変わらなかった。

二〇二一年、岸田文雄が首相に就任し、二三年三月に「異次元の少子化対策」試案を発表した。経済的支援の強化を提示し、児童手当の所得制限の撤廃を掲げた。民主党政権時代、所得制限がない「子ども手当」を自民党が批判し、政権に復帰したあと、所得制限を復活させたこととの矛盾が指摘されている。はたしてこれまでの「自助」頼みでは限界と認識した結果の政策なのか、この動きに改憲右派はどのように反応するのか注目される。

性的マイノリティの権利と右派運動

渋谷区同性パートナーシップ条例反対運動

二〇一五年四月、「渋谷区男女平等及び多様性を尊重する社会を推進する条例」が施行され、同性パートナーシップ制度が全国で初めて導入された。

この条例について、同年三月、渋谷区の日本文化チャンネル桜内に本部をもつ運動団体「頑張れ日本！全国行動委員会」が渋谷駅前で街頭行動をおこなった。同会の代表の水島総をはじめ、同会おなじみの論者らが街宣車に乗って「同性愛条例絶対反対！」を主張した。同会はそれ以前は性的マイノリティに関して特に関心をもって反対運動をおこなってきたわけではなく、この街頭行動のあとも、時折突発的に反対行動をおこなうことはあっても、地道な運動を継続することはなかった。

むしろ、渋谷の条例以降、反同性パートナーシップ制度の運動を継続していったのは、渋谷に本部を置く統一教会だった。統一教会が二〇〇〇年代はじめに、宮崎県都城市の男女共同参画社会づくり条例に導入さ

図55　2015年3月10日、渋谷駅前「頑張れ日本！全国行動委員会」街宣（撮影：山口智美）

図56　統一教会信者による「家庭を守る渋谷の会」の「change.org」署名ページ

伝統的な家庭制度に混乱もたらす渋谷区条例案

同性カップルに、「結婚相当」証明書

言論の自由侵害、学校教育や子供の躾にも悪影響

「普通の人々」を脅かす同性婚社会

“先進国”アメリカの苦悩

家庭を守る渋谷の会　TEL 03-5366-0190　FAX 050-3488-2386

図57　「家庭を守る渋谷の会」チラシ

れた「性的指向」に反対してバックラッシュを展開したことは第1部で紹介したが、渋谷区は自分たちのお膝元ということもあり、統一教会は危機感を募らせたという。

そして、「家庭を守る渋谷の会」という団体が「change.org」でパートナーシップ条例に反対する署名運動をおこなったりチラシを配布したりしていたが、これは統一教会の信者による団体だと本部も認めている。同年四月には、「世界日報」読者のための世日クラブ講演会に八木秀次が登壇し、「渋谷区同性カップル条例案の衝撃――条例案に隠された真の狙いは何か」というテーマで講演。また、「産経新聞」や「正論」などの右派メディアにも八木が頻繁に登場し、パートナーシップ制度批判を展開した。

二〇一五年四月に渋谷区のパートナーシップ制度が導入されて間もなく、六月に、アメリカの連邦最高裁の判決によって、アメリカ全土で同性婚が合法化された。こうした海外の動向も「世界日報」がいち早く伝え、特にアメリカが同性婚「先進国」として「悲劇」に見舞われているとする「アメリカLGBT事情」などの連載も掲載。十月には同紙の森田清策・早川俊行編集委員による冊子『揺らぐ「結婚」――同性婚の衝撃と日本の未来』（〔View P BOOKS〕、世界日報社、二〇一五年）も出版するなど、積極的に反対論を展開した。

渋谷区のパートナーシップ制度と、アメリカでの同性婚合法化をきっかけとして、統一教会は反同性パートナーシップや反同性婚の動きを強めていった。

二〇一六年に出した広報文書でも旧統一教会（家庭連合）は、同性婚は「決して認めるべきではない」としていた。一方、「T（性自認）」については「医学上の問題」なので「容認」という立場だった。

旧統一教会（家庭連合）広報文書（二〇一六年）から抜粋

「「性愛」は結婚した男女にのみ許されるもので、男女とも結婚までは「純潔」を守り、結婚後は「貞節」を守ること（これを「絶対『性』」と呼んでいます）が当法人の最も核心的な教えとなっていて、会員に対しては同性愛・両性愛行為は「罪」として禁止しています」

「結婚は男女間に限定されるべきもので、「同性婚」は決して認めるべきではないと考えます」

「私たちは、三世代同居を理想的な家庭像と考えています。家庭が社会の基本的な単位であるということ」

「ＬＧＢ（性的指向）とＴ（性自認）を「性的少数者」として一つの概念で論じることは相応しくない」、「Ｔは「医学上の問題」なので「容認」する」（略）

自民党「性的指向・性自認に関する特命委員会」の紆余曲折

二〇一六年二月、自民党は「性的指向・性自認に関する特命委員会」（古屋圭司委員長）を発足させ、同年五月、「性的指向・性自認の多様なあり方を受容する社会を目指すためのわが党の基本的な考え方」

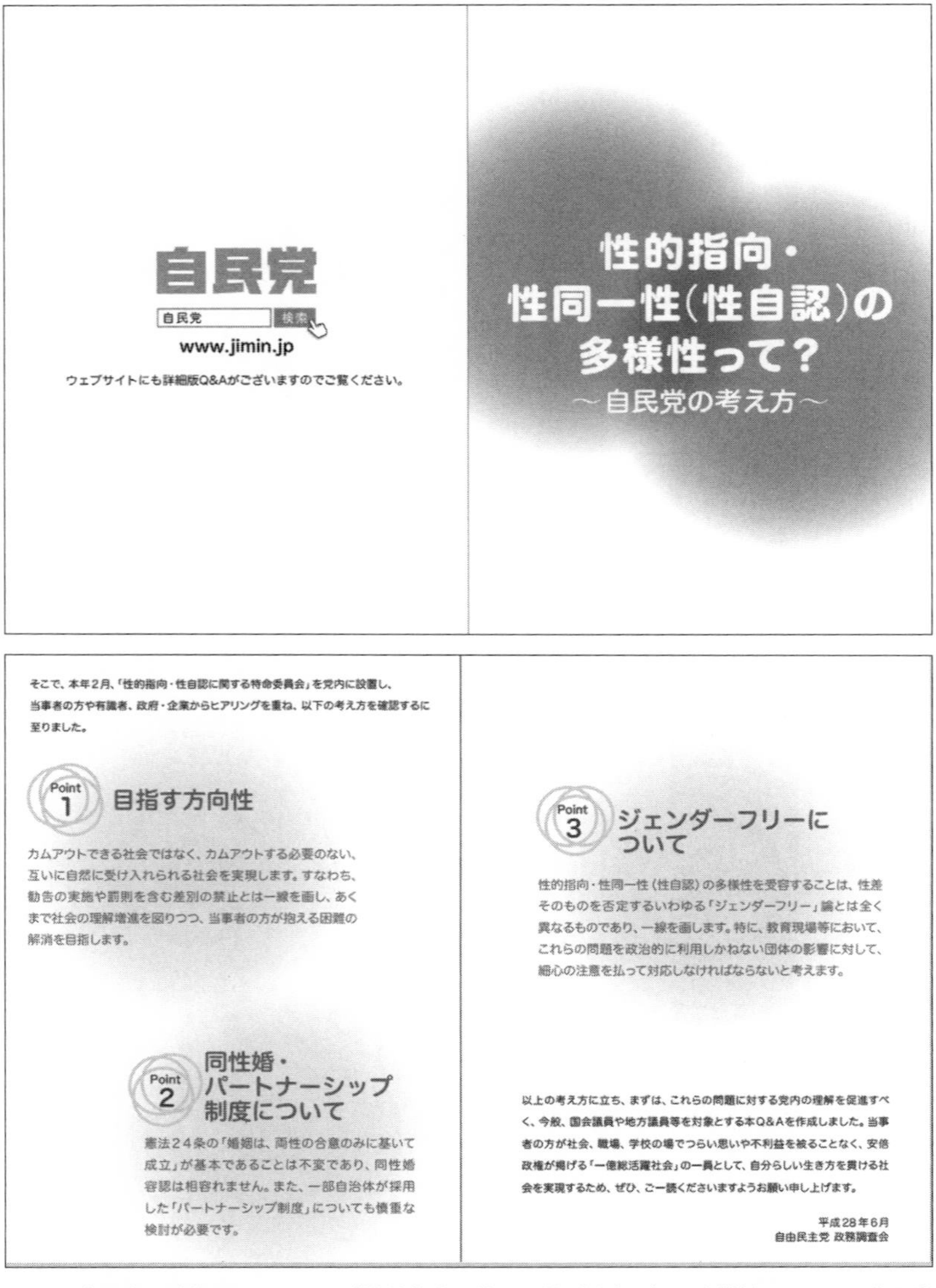
自民党
自民党
検索
www.jimin.jp
ウェブサイトにも詳細版Q&Aがございますのでご覧ください。

性的指向・
性同一性(性自認)の
多様性って?
〜自民党の考え方〜

そこで、本年2月、「性的指向・性自認に関する特命委員会」を党内に設置し、当事者の方や有識者、政府・企業からヒアリングを重ね、以下の考え方を確認するに至りました。

Point 1 目指す方向性

カムアウトできる社会ではなく、カムアウトする必要のない、互いに自然に受け入れられる社会を実現します。すなわち、勧告の実施や罰則を含む差別の禁止とは一線を画し、あくまで社会の理解増進を図りつつ、当事者の方が抱える困難の解消を目指します。

Point 2 同性婚・パートナーシップ制度について

憲法24条の「婚姻は、両性の合意のみに基いて成立」が基本であることは不変であり、同性婚容認は相容れません。また、一部自治体が採用した「パートナーシップ制度」についても慎重な検討が必要です。

Point 3 ジェンダーフリーについて

性的指向・性同一性(性自認)の多様性を受容することは、性差そのものを否定するいわゆる「ジェンダーフリー」論とは全く異なるものであり、一線を画します。特に、教育現場等において、これらの問題を政治的に利用しかねない団体の影響に対して、細心の注意を払って対応しなければならないと考えます。

以上の考え方に立ち、まずは、これらの問題に対する党内の理解を促進すべく、今般、国会議員や地方議員等を対象とする本Q&Aを作成しました。当事者の方が社会、職場、学校の場でつらい思いや不利益を被ることなく、安倍政権が掲げる「一億総活躍社会」の一員として、自分らしい生き方を貫ける社会を実現するため、ぜひ、ご一読くださいますようお願い申し上げます。

平成28年6月
自由民主党 政務調査会

図58　自民党の政策パンフレット「性的指向・性同一性（性自認）の多様性って？――自民党の 考 え 方」2016年6月 作 成（https://storage.jimin.jp/pdf/pamphlet/20160616_pamphlet.pdf）［2023年7月10日アクセス］

（〔https://storage.jimin.jp/pdf/news/policy/132172_1.pdf〕［二〇二三年七月十日アクセス］）を取りまとめた。これは、「多様性と調和」が大会の理念として掲げられた東京オリンピック・パラリンピックに向けた稲田朋美政調会長の指示による取り組みだったが、目指す社会については法制化などによる「勧告の実施や罰則を含む差別の禁止とは一線を画し、あくまで社会の理解増進を図りつつ、当事者の方が抱える困難の解消」を目指すとした（自民党政策パンフレット「性的指向・性同一性（性自認）の多様性って？――自民党の考え方」二〇一六年六月〔https://storage.jimin.jp/pdf/pamphlet/20160616_pamphlet.pdf〕［二〇二三年七月十日アクセス］）。差別に対して罰則を科すといった差別解消を目指すものではなく、あくまで理解増進を目的とするにとどまった。パートナーシップ制度にも「慎重な検討が必要」と後ろ向きの姿勢を示した。また、自民党のパンフレットには、「「性的指向・性同一性（性自認）の多様性を受容することは、性差そのものを否定するいわゆる「ジェンダーフリー」論とは全く異なるものであり、一線を画します」と書いてある。

このように「基本的な考え方」が骨抜きになったのは、日本会議国会議員懇談会の会長も務める古屋圭司委員長が、事前に素案を右派の法学者・八木秀次に見せ、八木が「性的指向や性自認にかかわらず」という文言を「同性愛と異性愛を同等に扱えという主張につながる危険性がある」と削除させたからだという（二階堂友紀「これは闘争、ではない――LGBT理解増進法案見送り：世界の潮」「世界」二〇二一年八月号、岩波書店）。

八木は「性的指向や性自認にかかわらず」という文言を男女共同参画社会基本法の「性別にかかわりなく」と同種のものと捉えていた。「性別にかかわりなく」について「各地で過激な性教育や極端な政策が生まれるなど、この言葉の威力に気づかなくて当時は失敗した。その後何とか正常化できて良かったのですけど、もう同じことを繰り返してはいけませんから」と八木は語っている（竹下郁子「「ＬＧＢＴだからリベラル思想」は思い込みだ」「AERA dot.」二〇一七年六月七日〔https://dot.asahi.com/aera/2017060600054.html?page=4〕［二〇二三年七月十日アクセス］）。また、八木は二〇二一年にも、男女共同参画社会基本法の前文に「性別にかかわりなく」の文言が入ったことで「「ジェンダーフリー」が猛威をふるう法的根拠になった」と主張している（八木秀次「理解増進法は人権擁護法案のＬＧＢＴ版だ」「正論」二〇二一年七月号、産経新聞社）。

八木は、「性的指向や性自認にかかわらず」という文言も「ジェンダーフリー」につながるものだと考えて削除し、八木自ら「その後何とか正常化できて良かった」といっているように、二〇一六年時点で「ジェンダーフリー」という文言はほとんど使われなくなっていたにもかかわらず、否定する文言をあえて入れ込むほどに、自らが悪魔化し続けてきた「ジェンダーフリー」に依然としてこだわり続けている。そして、女性に加え、ＬＧＢＴＱ＋の人権に反対するためにも「ジェンダーフリー」批判を利用し続けている。

杉田水脈の「生産性」「男女平等妄想」「保育所コミンテルン」発言

二〇一二年十二月、日本維新の会から衆議院議員に初当選した杉田水脈は、問題発言を繰り返した。一四年十月、衆議院本会議で「女性の職業生活における活躍の推進に関する法律案」について党を代表して質問に立った。「日本は、男女の役割分担をきちんとした上で女性が大切にされ、世界で一番女性が輝いていた国です。女性が輝けなくなったのは、冷戦後、男女共同参画の名のもと、伝統や慣習を破壊するナンセンスな男女平等を目指してきたことに起因します」「男女平等は、絶対に実現し得ない、反道徳の妄想です」と述べ、「男女共同参画基本法という悪法を廃止」すべきだと主張した。

杉田は、二〇一四年十二月の衆議院選挙に次世代の党から出馬し、落選。落選中は、右派メディアへの執筆活動や動画出演、さらには「慰安婦」問題をめぐる国連活動などをおこない、差別発言を繰り返していく（杉田の「慰安婦」問題への関わりについては後述）。一六年二月に国連女性差別撤廃委員会に出席した際には、「チマチョゴリやアイヌの民族衣装のコスプレおばさんまで登場。完全に品格に問題があります」「彼らは、存在だけで日本国の恥晒しです」などとブログに投稿した。

さらに二〇一六年七月には、待機児童問題について、次のように荒唐無稽なデマを「産経新聞」のウェブサイトに投稿した。

子供を家庭から引き離し、保育所などの施設で洗脳教育をする。旧ソ連が共産主義体制の中で取り組み、失敗したモデルを二十一世紀の日本で実践しようとしているわけです。

（略）

旧ソ連崩壊後、弱体化したと思われていたコミンテルンは息を吹き返しつつあります。その活動の温床になっているのが日本であり、彼らの一番のターゲットが日本なのです。

これまでも、夫婦別姓、ジェンダーフリー、ＬＧＢＴ支援などの考えを広め、日本の一番コアな部分である「家族」を崩壊させようと仕掛けてきました。今回の保育所問題もその一環ではないでしょうか。

（杉田水脈「「保育園落ちた、日本死ね」論争は前提が間違っています　日本を貶めたい勢力の真の狙いとは…」「産経

図59　杉田水脈「生産性」発言に対する自民党本部前抗議行動、2018年7月28日（撮影：山口智美）

新聞」二〇一六年七月四日付、「産経新聞」〔https://www.sankei.com/article/20160704-AUPXN5DNANMZDLOZE3GYWHX5IU/5/〕〔二〇二三年七月十日アクセス〕）

二〇一七年の衆院選で杉田は安倍首相にリクルートされ、自民党の衆議院比例ブロックから立候補し、実質上の比例名簿一位という厚遇を得て当選。一八年、杉田は「新潮45」二〇一八年八月号（新潮社）の特集「日本を不幸にする「朝日新聞」」に「「LGBT」支援の度が過ぎる」という記事を寄稿した。杉田の記事には問題が多くあったが、特に「LGBTのカップルのために税金を使うことに賛同が得られるものでしょうか。彼ら彼女らは子供を作らない、つまり「生産性」がないのです」という発言がSNSなどで炎上した。その後、記事が差別的だとして非難が高まり、結局「新潮45」は休刊になるという事態を招いた。自民党の「ＬＧＢＴに関するわが党の政策について」サイトでは、本人に指導したという文章を掲載しているものの、杉田は当該発言を撤回するわけでも謝罪するわけでもなく、党内での地位にも影響はなく、二一年の衆院選も中国ブロックから再び当選した（「ＬＧＢＴに関するわが党の政策について」二〇一八年八月一日「自民党」〔https://www.jimin.jp/news/policy/137893.html〕［二〇二三年七月十日アクセス］）。

さらに杉田は、イギリスＢＢＣ放送のインタビューで、自身が受けた性暴力被害を告発したジャーナリストの伊藤詩織について、女性として「落ち度があった」と答えている。二〇一八年六月と七月、杉田は、「Twitter」上にあった「レイプの事実関係が怪しすぎる」「ハニートラップを仕掛けた」など伊藤を中傷する二十五のツイートに「いいね」を押した。これに対し伊藤は、自身を誹謗中傷する内容のツイートに「いいね」を押され名誉を傷つけられたとして、杉田を相手取り計二百二十万円の損害賠償を求めた。一審では敗訴したが、二二年十月、東京高裁（石井浩裁判長）は賠償請求を棄却した地裁判決を取り消し、杉田に五十五万円の賠償を命じる逆転判決を言い渡した。

また、二〇二〇年には、自民党の会合で女性への性暴力の被害をめぐり、杉田が「女性はいくらでもうそをつける」と発言したことが報じられ、批判が殺到した。

これら一連の差別発言にもかかわらず、杉田は二〇二二年八月、岸田内閣で総務大臣政務官に任命されるという好待遇を得た。そして国会で自らの差別発言について批判されても撤回を否定し続けた。

十二月二日、参院予算委員会で福島瑞穂議員の質問に対し、ＬＧＢＴは「生産性がない」と評したことと、ブログに書き込んだ「チマチョゴリやアイヌの民族衣装のコスプレおばさん」という表現について杉田は謝罪し撤回した。その後、野党や性的少数者らでつくる団体などが杉田の更迭を要求し、批判がさらに高まったこともあり、岸田政権は杉田を事実上、更迭した。

神道政治連盟と世界日報社のLGBT冊子

同性パートナーシップが各地で導入され、同性婚の法制化に向けての議論も活発化して裁判なども展開されるなかで、旧統一教会（家庭連合）は同性婚反対について、政治家らへのはたらきかけを強めた。例えば二〇二一年の衆議院選挙の際、数十人の自民党国会議員に対して「推薦確認書」への署名を求めたが、これには「LGBT問題、同性婚合法化への慎重な扱い」という項目が含まれていた。また、旧統一教会の関連団体が、富山県など各地で、地方議員を相手に同性婚に反対する内容の勉強会を開いていたことも明らかになっている。

「世界日報」は日本の他メディアに比べても突出してLGBTQ＋関連記事を多く出していて、特に渋谷のパートナーシップ制度制定以降、パートナーシップ制度や同性婚法制化、LGBTQ＋関連条例や理解増進法案への批判記事から、LGBTQ＋に関するメディア報道についての批評記事や記者コラムなどまで、LGBTQ＋に関する記事を出し続けた。二〇一八年の杉田水脈「生産性」発言以降、元参議院議員の松浦大悟が「Hanada」（飛鳥新社）や「WiLL」（ワック）などの右派論壇誌に登場するようになり、LGBTQ＋の権利を求める運動は急進的で偏っているなどと批判していた。「世界日報」はこうした松浦の記事や著書をよく引用していて、ときには松浦への追加取材もおこない、「LGBT当事者」の声として扱ってきた。「世界日報」は海外でのＬＧＢＴＱ＋をめぐる動きも幅広く地道に報道を続けていて、こだわりがみえる。右派の視点から、特にアメリカでの同性婚をめぐる状況や、バラク・オバマ、ドナルド・トランプ、ジョー・バイデンと政権が移行するたびに変化してきたＬＧＢＴＱ＋に関連するニュースを伝え続けている。

二〇二二年五月には、世界日報ＬＧＢＴ問題取材チームによる書籍『「ＬＧＢＴ」隠された真実――「人権」を装う性革命』（〔View P BOOKS〕、世界日報社）が刊行された。「世界日報」が掲載してきたアメリカについての記事と、日本のＬＧＢＴ理解増進法案やパートナーシップ条例などをめぐる展開、インタビュー記事などをまとめたものである。同性婚反対を主要な目的としていることは明白だが、アメリカでのトランスジェンダーをめぐる状況が「アメリカの混乱」の象徴として描かれていて、アメリカを同性婚が合法化された悪いモデルとして描き出すことで、日本での同性婚導入を止めようという意図がみえる。

旧統一教会がリードしてきた反ＬＧＢＴＱ＋の動きだったが、ここ数年はほかの宗教右派への拡散もみられ、特に神社本庁の動きが顕著になってきた。

図60　神道政治連盟国会議員懇談会で配布された冊子

図61　世界日報LGBT問題取材チーム『「LGBT」隠された真実――「人権」を装う性革命』（View P BOOKS）、世界日報社、2022年

二〇一九年八月、神社本庁の政治部門・神道政治連盟の機関誌「意《こころ》」に藤山敬廣神道政治連盟中央本部総務による「同性婚へつながるパートナーシップ制度」という記事が掲載された。そして二二年六月、神道政治連盟国会議員懇談会の会合で、キリスト教の背景をもつ楊尚眞《ヤンサンジン》（弘前学院大学教授）が執筆した「同性愛と同性婚の真相を知る」を所収した『夫婦別姓 同性婚 パートナーシップ ＬＧＢＴ――家族と社会に関わる諸問題』という冊子が配布された。同性愛は「後天的な精神の障害、または依存症」などとして、転向療法を推奨する差別的な内容で、同性婚合法化は「性革命」であるとした。「多様性」に疑念を挟み、差別撤廃に反発し、同性婚の阻止を狙うという内容だった。楊はそのころから反同性婚を掲げて右派論壇に登場するようになっていたが、二三年一月に急逝した。

二〇二二年七月に施行された埼玉県の「性の多様性を尊重した社会づくり条例」についても、同年四月に神道政治連盟埼玉県本部が「ＬＧＢＴはいずれも、幼少期での虐待、性的虐待、家庭内暴力、両親の不仲、親の薬物依存、アルコール依存、思春期での同性愛行為など、環境要因による精神疾患（統合失調症や双極性障害など）であることも明らかになりつつある」などと記された文書を県内支部に送付していたことが報道された（野中大樹「神政連がＬＧＢＴＱを「精神疾患」と条例反対呼びかけ――「神政連の意図ではない」とした過去の回答と矛盾」二〇二三年四月二十九日「東洋経済オンライン」〔https://toyokeizai.net/articles/-/669659〕〔二〇二三年七月十日アクセス〕。引用文は野中記者に原文を確認した）。また、二三年三月には、四月の統一地方選挙で議員を神道政治連盟が支援する際の「条件」を記した「公約書」を候補者に送っていて、「各自治体におけるパートナーシップ制の制定等の動向を注視する」と書かれていたことも報じられた（野中大樹「神社庁が統一地方選候補に送りつけた「公約書」――「ＬＧＢＴ理解増進法案」国会提出の機運に水を差す」二〇二三年四月二十二日「東洋経済オンライン」〔https://toyokeizai.net/articles/-/667833〕［二〇二三年七月十日アクセス］）。

ＬＧＢＴ理解増進法案をめぐる顚末

「多様性と調和」の理念を掲げた二〇二〇東京オリンピック・パラリンピックは、コロナ禍のため一年遅れで二〇二一年に開催された。オリンピック憲章に性別や性的指向も含む差別禁止が掲げられていることから、稲田朋美をはじめとして、自民党のなかにはオリンピックという外圧を利用し、性的マイノリティの理解増進を進めようという議員もいた。そしてＬＧＢＴ理解増進法案は二一年春、超党派の国会議員連盟で合意され、法整備の機運が高まった。

しかしその後の自民党内の議論で、法案にある「差別は許されない」という文言に、「行き過ぎた差別禁止運動につながる」などと批判が続出し、法案は同党内で了承されることがなく、国会には提出されなかった。同年五月に自民党右派が集まる選択的夫婦別姓慎重派の議連総会やその打ち合わせに、右派の論客である八木秀次が招かれ、理解増進法案への反対の主張をおこない、同じ総会に招かれた櫻井よしこも警鐘を鳴らしていたという（前掲「これは闘争、ではない」）。八木は月刊誌「正論」でも、「公衆浴場や旅館・ホテルの浴場、トイレ、更衣室等への「トランス女性」の入場を認めなければ「差別」となる」一方、「トランス女性が女子スポーツに参入することを認めれば、大多数の女性を危険にさらす可能性がある」と法案反対の主張をおこなっている（前掲「理解増進法は人権擁護法案のＬＧＢＴ版だ」）。さらに旧統一教会（家庭連合）も、ＬＧ

BTQ＋課題の法制化については「（日本は）性的少数者に対する偏見は少ない」「欧米社会のように訴訟の乱発、社会の分断を招く恐れがある」などと激しく反対した（前掲『「LGBT」隠された真実』一六一ページ）。

自民党内の議論では、簗《やな》和生議員による「種の保存に背く」という発言や、山谷えり子議員の「自分は女性だと主張する男性が、女湯に入ることを要求するようなケースが生じかねない」という差別発言も飛び出した。党内会合の発言が漏れたことに安倍元首相が憤るなどもあり（前掲「これは闘争、ではない」）、結局、同法案は自民党内で承認を得られず、提出は断念されることになった。つまり、党内右派が八木ら右派の知識人を活用し、理解増進の取り組みさえ潰してしまったということだ。

二〇二三年、岸田文雄首相の秘書官の同性愛・同性婚差別発言[1]をきっかけに、岸田首相がLGBT理解増進法案を検討するという発言をした際にも、自民党内から「LGBT差別法制は分断を生む」などと反対意見が出るなど、二一年の議論が再燃した。また、性的少数者らへの差別禁止を定めた法制度や同性婚などの仕組みがないのは主要七カ国（G7）で日本だけだとの批判も噴き出した。日本以外のG7各国の駐日大使とEU大使もLGBTQ＋の人権を守る法整備を促す書簡を首相に送ったり、メッセージを表明するなど活発な動きを見せた。そうしたなかで、五月に開催される主要七カ国首脳会議（G7サミット）に向けて、LGBT理解増進法案を自民・公明両党が国会に提出する動きになった。

だがそこでも、二〇二一年に超党派議員連盟がまとめた法案にあった、性自認などを理由とした「差別は許されない」という文言を「不当な差別はあってはならない」と変更し、「性自認」も右派への配慮から「性同一性」に差し替えられた。また、「学校設置者の努力」項目も削除されるなど、大きく後退した内容になった。自民党右派によるLGBTQ＋の権利擁護を阻害する動きが繰り返された。

二〇二三年五月、G7前に駆け込みで作られたLGBT理解増進法案について、古屋圭司自民党LGBT特命委員会初代委員長は、自身のブログ「古屋圭司通信」で、「この度、党の総務会にて承認した」「性的指向及び性同一性の多様性に関する国民の理解の増進に関する法律案」は、「平成二十八年五月二十四日に策定した「性的指向・性自認の多様なあり方を受容する社会を目指すためのわが党の基本的な考え方（平成二十八年五月二十四日）」」に基づいていて、「故安倍元総理とも度々相談し同意しているもの」だと強調した。そして、「この法案はむしろ自治体による行き過ぎた条例を制限する抑止力が働くこと等強調したい」と述べている（「LGBT理解増進法案について」二〇二三年五月十六日「古屋圭司通信」〔http://www.furuya-keiji.jp/blog/archives/20290.html〕［二〇二三年七月十日アクセス］）。二三年に策定される法案の根底にあるのは、安倍晋三に近かった八木秀次の了承のもとで一六年に自民党が示した「性的指向・性自認の多様なあり方に関する」基本的考え方であり、現在の自民党右派などの立場はそれ以上に頑なになり、悪化していた。

LGBT理解増進法案をめぐっては右派の学者や政治家、団体などが緊密にネットワークしながら動きを進めてきたという。右派の評論家である小川榮太郎は自身の「Facebook」で、LGBT理解増進法案について自民党が総務会で了承を決めた二〇二三年五月十六日の二日前に古屋圭司衆院議員の勉強会に参加したことに言及し「古屋さん、新藤さんが裏で色々奔走して、稲田氏が超党派議連で差別禁止法に暴走したのを理解増進法に引き戻しているのは厳然たる事実。（略）こういう問題は保守系の学者や組織が緊密に連携している。彼らもみな両氏の踏ん張りを多とした上で一緒に裏で支えている世界がある」と述べている（小川榮太郎「Facebook」二〇二三年五月十六日〔https://www.facebook.com/eitaro.ogawa/posts/6476253519134081〕［二〇二三年七月十日アクセス］）。

二〇二三年五月、自・公法案に加え、立憲民主党・共産党・社民党が二一年超党派議員連盟案を法案として提出するなかで、日本維新の会と国民民主党が自・公法案の「性同一性」を「ジェンダー・アイデンティティ」にし、法律に定める措置の実施には「全ての国民が安心して生活することができることとなるよう留意する」と、多数派のシスジェンダーへの配慮規定などを含む、与党案以上に後退した内容の法案を提出した。維新・国民案は、マジョリティへの配慮を打ち出すという方向であり、もはや「理解増進」でさえなく、法案の当初の目的とは真逆のものであり、「性自認」をめぐるバックラッシュが深刻になっていることを示している。だが、自・公の与党は、この維新・国民民主党案をほぼ丸のみし、学校での啓発に「家庭および地域住民その他の関係者の協力を得つつ」という条件まで加えた。これでは協力を得られなければ事業を進めることができないとも受け止められかねず、ＬＧＢＴＱ＋の権利を擁護するというこの法律本来の目的は消失したとし廃案を求める声が当事者などから出たが、法案は六月十六日に可決し、「性的指向及びジェンダーアイデンティティの多様性に関する国民の理解の増進に関する法律」として成立した。

だが、それほど後退した法律に対して、自民党右派の一部には反発する声が根強く残り、高鳥修一、杉田水脈衆議院議員、山東昭子、和田政宗、青山繁晴参議院議員は採決を欠席した。さらに法律が成立した直後には、これまでジェンダー平等の推進に反対し、日本軍「慰安婦」問題などに関して女性の人権を否定し、性教育の取り組みも攻撃してきた旧安倍派を中心とする党内右派が「全ての女性の安心・安全と女子スポーツの公平性等を守る議員連盟」（通称「女性を守る議連」）（発起人代表：世耕弘成、橋本聖子、山谷えり子、片山さつき）を設立し、西村康稔経済産業大臣ら閣僚も含め約八十人の議員が名を連ねた。同議連の初会合では「政府が今後策定する基本計画への意見反映を目指す方針。必要があれば女性の権利保護に関する議員立法の是非も検討する」（「自民「全ての女性守る議連」設立」「共同通信」二〇二三年六月二十一日付）など対抗策を打ち出し、一歩も引かない構えである。

注

（1）二〇二三年二月三日、荒井勝喜総理大臣秘書官が、オフレコ前提での記者団の取材で同性婚について問われた際に「僕だって見るのもいやだ。隣に住んでいるのもちょっといやだ」「人権や価値観は尊重するが、認めたら国を捨てる人も出てくる」「秘書官室もみんな反対する」などと発言した。これを「毎日新聞」が報じ、ほかのメディアも追随。批判が殺到し、荒井秘書官は翌二月四日に更迭された。

包括的性教育とＬＧＢＴＱ＋批判

学校での性教育は、性教育バッシングと少子化対策という二本柱で後退を余儀なくされている。一九九八年に初めて導入された、妊娠の経過（性交）は取り扱わないことにするという「はどめ規定」は、二〇〇五年の中央教育審議会・初等中等教育分科会「健やかな体を育む教育の在り方に関する専門部会」で、「子どもたちは社会的責任を十分にはとれない存在であり、また、性感染症等を防ぐという観点からも、子どもたちの性行為については適切ではないという基本的スタンスに立って、指導内容を検討していくべきである」と答申され、現在も続いている（「健やかな体を育む教育という観点から、今後、学校教育活動全体で取り組むべき課題について」「文部科学省」〔https://www.mext.go.jp/b_menu/shingi/chukyo/chukyo0/toushin/attach/1395097.htm〕〔二〇二三年七月十日アクセス」）。一七年の学習指導要領の「性教育」でも「性行為については適切ではない」などの「はどめ」が示されていて、学校での性教育についての指導は極端に慎重になっているという（日本性教育協会編『すぐ授業に使える性教育実践資料集　中学校改訂版』小学館、二〇二〇年、二一ページ）。

二〇二一年四月、文科省は、「子供を性犯罪の当事者にしない」ことを目的に掲げ、性犯罪・性暴力対策の強化として「生命《いのち》の安全教育」を小・中学校で段階的に始めた。しかしこの「生命の安全教育」でも「はどめ規定」だからということで「性行為」には触れないことになっていて、「性教育」とも呼ばないという。教育社会学者の近藤凜太朗によれば、この「生命の安全教育」を命名したのは上川陽子元法務大臣だが、その名称としたのは、「性教育」を連想させると「いらぬ議論を喚起する恐れがある」とかつてバッシングを主導した右派議員への忖度によるものだったという（近藤凜太朗「「生命（いのち）の安全教育」とは何か？――文科省「性犯罪・性暴力対策」モデル教材の両義的性格」、日本教育学会機関誌編集委員会編「教育学研究」第八十九巻第四号、日本教育学会、二〇二二年）。この教育のモデル教材を分析した近藤は、この取り組みは「少子化対策という名の人口政策とも矛盾なく接続されうる」ものだとする。

菅政権以降、こども家庭庁設立に向けた動きを受け、子どもをめぐる議論が盛んになった。自民党内で性教育やＬＧＢＴＱ＋をはじめとする子ども政策の考え方について意見の対立があることが露呈し、「こども庁」か「こども家庭庁」かという担当省庁の名称をめぐっても、「こどもを中心に」という考えと、党内右派による、子育ては「家庭が基盤」だから「家庭」を入れるべきという考えとの間で紛糾した。

二〇二一年九月に政府が設立した「こども政策の推進に係る有識者会議」の議事録と配布資料によれば、子ども・若者が安心・安全に育つためには、望まない妊娠を防ぎ、性犯罪への対処や性被害を予防するために人権に基づいた包括的性教育、ならびに親や周囲からのジェンダー規範の刷り込みに対する幼児期からのジェンダー平等教育が必要だなどと、複数の構成員が包括的性教育の必要性に触れていた。

それに対し、教育学者の高橋史朗は、同会議が包括的性教育というアプローチを論じていることにいち早く警戒感を表明した（高橋史朗「社会的混乱を狙う「グローバル性革命」」「正論」二〇二二年三月号、産経新聞社）。高橋は「「包括的性教育」というのは平たくいえば、「急進的性教育」と「ジェンダーフリー教育」を一体にしたものだ」と述べ、これは「左翼肝いりの政策」だから、「学校教育に「包括的性教育」が持ち込まれれば、深刻な対立や混乱、軋轢が避けられない」「問題はそのことへの自民党の警戒感が乏しいことだ」などと述べた。なお高橋が具体的に批判する自民党内の勢力とは、山田太郎、自見はなこらの「Children First のこども行政のあり方勉強会」などである（高橋史朗「「こども家庭庁」「こども基本法」問題についての一考察」、歴史認識問題研究会編「歴史認識問題研究」第十号、モラロジー研究所歴史研究室、二〇二二年）。統一教会系「世界日報」も、早速、高橋の記事に反応し、包括的性教育の導入に反対した（森田清策「「包括的性教育」の危険性、小学から避妊方法教える――自民が軽視する「性革命」」「世界日報」二〇二二年二月二十六日付）。

一方、二〇二二年から二三年ごろには、包括的性教育を導入すべきだという動きも起き、日本財団や日本弁護士連合会などの団体からの提言や政党からの申し入れが相次いだ。二二年八月、日本財団の「性と妊娠にまつわる有識者会議」が「包括的性教育の推進に関する提言書」をまとめた。同年十月、立憲民主党が文科省に申し入れをおこない、学習指導要領での「はどめ規定」の撤廃と学校教育での包括的性教育の実践を図ることなどを要望した。二三年一月には、日本弁護士連合会が包括的性教育の実施とセクシュアル・リプロダクティブ・ヘルス／ライツ（ＳＲＨＲ）を保障する法律の制定などを求める意見書をまとめた。

これらの提言、特に日本財団の提言に高橋史朗は批判を加えている（高橋史朗「「包括的性教育」推進提言を検討し、日本型性教育の構築を目指す」二〇二二年十月十七日「モラロジー道徳教育財団」〔https://www.moralogy.jp/salon221017-01/〕［二〇二三年七月十日アクセス］）。高橋にとって日本財団は、かつて自身が理事長を務めていた親学推進協会に財政支援をおこなった団体である（前掲「安倍元首相の遺志と「和して同ぜず」の生き方を継承しよう」）。そうした財団がいまでは、日弁連や立憲民主党と同じ方向の包括的性教育を推していることに危惧を感じたのかもしれない。高橋は、日本財団が包括的性教育に関する提言で、性教育の「はどめ規定」の撤廃・見直しを主張していること、道徳教育との峻別などを中核とした「性教育の手引」の必要性を主張していることなどに強く反発し、「日本型性教育」を構築すべきと主張した。さらに、包括的性教育とは「「ジェンダー主流化」のイデオロギー」が再登場したものであり、「「性規範の解体」によって社会構造を解体し、規範としての異性愛の消滅を目指す「文化マルクス主義」「マルクス主義フェミニズム」などの過激なイデオロギーに立脚している」とし、これは道徳教育や性道徳を全面的に否定するなど偏向したフェミニズム思想によるものだと主張した。

高橋はまた、立憲民主党などによる「はどめ規定」の撤廃という主張に対しても、二〇〇五年の中央教育審議会「健やかな体を育む教育の在り方に関する専門部会」による三年に及ぶ「論議の結果を全面的に否定するものである」と激しく批判している（高橋史朗「性教育の「歯止め規定」の是非を問う——国会代表質問を検討する」二〇二二年十月十一日「モラロジー道徳教育財団」〔https://www.moralogy.jp/salon221011-01/〕［二〇二三年七月十日アクセス］）。ＬＧＢＴ理解増進法の制定についても、高橋は、性教育の「はどめ規定」を撤廃し、性道徳などの解体を目指し、包括的性教育推進法を成立させようとする「「包括的性教育」推進過激団体が暗躍している」と警戒を示す（「連載日本を取り戻す教育第79回」「日本の息吹」二〇二三年七月号、日本会議）。包括的性教育を求める動きに対して、弘前学院大学教授（当時）の楊尚眞はさらに詳細な批判を加えている。楊は「父親からの愛情を受けられなかった男児が男を好きになる」などと、同性愛を「家庭環境」や「生育環境」などに起因する「後天的なもの」とし、以前は「同性愛の気質は無かった」男性が「離婚をきっかけに男性がお金を稼ぐために男性に性的サービスを提供する商売に興味をもって、ゲイになった」などと同性愛を単なる行動特性とみなし、転向療法を推奨するなど差別的な主張をしている論者である（楊については、「神道政治連盟と世界日報社のLGBT冊子」の項も参照）。楊は、LGBT理解増進法やこども家庭庁などを批判する文脈で前述の高橋史朗や八木秀次など多くの右派論者によって言及されているガブリエル・クビー『グローバル性革命』についての詳細な書評も執筆し、かつ自身も同書に言及し論評している（楊尚眞「ガブリエル・クビー著『グローバル性革命：自由の名によって自由を破壊する』」、歴史認識問題研究会編「歴史認識問題研究」第十号、モラロジー研究所歴史研究室、二〇二二年）。楊は「生物的な性は男と女しかない」と主張し、身体の性（男と女）に限定せず、性的指向や性同一性、性表現、性自認などの多様な性のあり方を「ジェンダー」という言葉を使って示すフェミニズムやLGBTQ+運動の主張やあり方を急進的な「ジェンダー・イデオロギー」と捉えるとともに、その動きを「グローバル性革命の波が押し寄せている」として警戒していた（西岡力／高橋史朗／楊尚眞「LGBT・「包括的性教育」問題について考える――わが国に押し寄せる「グローバル性革命」の危機」、同誌）。

高橋史朗もクビーの『グローバル性革命』を引用しながら、リプロダクティブ・ヘルス／ライツ（リプロ）が「人口削減戦略を世界に売り出すために使われる決まり文句」になったとし、結果、包括的性教育もリプロを教えるということで誰も反対できないものになった、という見方を紹介している。高橋は、こうした動きの背景にある思想を「「文化マルクス主義」という「新しい全体主義」」だと描き出し、「根本的な問題点は（略）男女の「区別を差別と混同してしまったこと」」にあると述べる。楊も、「次から次へと人権を主張し、「包括的性教育」とは違う考え方を持っている人々の人権が抑圧されることになります」と述べている。包括的性教育を持ち出す人々は、既存の社会規範を乱し、既存の価値観をもつ人々の権利を抑圧しようとするという主張のようだ。

今後も右派からは包括的性教育やＬＧＢＴＱ＋に関する議論で、「ジェンダー・イデオロギーの押し付け」や「グローバル性革命」という批判が出てくるだろう。だが、こうした「ジェンダー」や「フェミニズム」を「マルクス主義」や「革命」などと結び付けながらおこなう右派による性教育やＬＧＢＴＱ＋への批判は、二〇〇〇年代でのバックラッシュ時に「ジェンダーフリーはポル・ポト思想」などとキャンペーンしたレトリックとよく似ている。何をもって「全体主義」なのか、「区別と差別の混同」がどこで起きているのか、「包括的性教育」を支持しない人の人権がどのように抑圧されるのかを具体的に示すことがないだけではない。こうした論法は、フェミニズムやＬＧＢＴＱ＋、リプロダクティブ・ヘルス／ライツと、「共産主義」や「革命思想」とを結び付けることだけを目的としているかのようである。そこには論理の飛躍はあっても、実証を欠いている。逆にいえば、「マルクス主義」「共産主義」を否定し、それらと結び付けながら「フェミニズム」も批判したいという彼らの政治的目的のために、女性やＬＧＢＴＱ＋の人権が踏みつけられているといえるだろう。

トランスジェンダー差別の激化

日本で初めて同性パートナーシップ制度が導入された二〇一五年、アメリカでは最高裁の判決によって、同性婚が全米で合法化された。

前述したように、旧統一教会（家庭連合）は、二〇一五年の渋谷区でのパートナーシップ条例の制定を経て、一六年に出された広報部による文書のなかで、「LGB（性的指向）とT（性自認）を「性的少数者」として一つの概念で論じることは相応しくない」として、Tは「医学上の問題」なので「容認」するという立場を示していた。だが、このあと、アメリカではトランスジェンダーの人たちにバッシングの矛先が向くようになり、特にトランスジェンダーの人たちが自認する性別に基づくトイレを使うことに対する右派の攻撃が激化した。こうしたアメリカの状況を積極的に報道し続けたのが統一教会系の新聞である「世界日報」だった。「トイレ問題」やアメリカの女子大へのトランスジェンダー女性への入学許可について、「世界日報」は積極的にアメリカの反トランスの動きを紹介する役割を果たした。

東京オリンピック・パラリンピックは性的マイノリティであることを公表して出場した選手が百八十人以上と過去最多となり、トランスジェンダー女性の重量挙げの選手も初めて自認する性別で出場したが、それに伴いトランス女性のスポーツ参加に関しての右派論壇によるバッシングも目立つようになった。特に「世界日報」はトランス女性のスポーツ参加についてアメリカ右派の議論を積極的に紹介した。

二〇一八年七月、お茶の水女子大学がトランスジェンダー女性の学生を二〇二〇年度から受け入れることを表明した。このニュースについても「世界日報」は七月と八月の二度にわたって迅速に記事化した（「あすへのノート　改めて、女子大の存在意義」「世界日報」二〇一八年七月二十四日付、森田清策「［論壇時評］トランスジェンダーの女子大入学――「心の性」で受験資格曖昧」「世界日報」二〇一八年八月二十五日付）。そして、このお茶の水女子大学の表明を機に、反トランス言説が「Twitter」で一気に広がっていった。

二〇二〇年八月には、フェミニズム系ポータルサイトの「Women's Action Network」（「WAN」）サイト掲載記事がトランス差別だとして批判を浴びながらも「WAN」は対応しなかったり、「ポルノ・買春問題研究会（APP研）・国際情報サイト」も「Twitter」でトランス女性を女性として認めずにトランスジェンダーの権利を批判する発言を繰り返したりしてきた。フェミニストや左派であることをうたう団体や学者、ジャーナリストやライター、運動家やソーシャルメディアのユーザーらによって、トランスジェンダー女性を「男性」であるとみなして、「女性スペース」から排除しようとする言説が盛んに繰り広げられるようになった。

差別的な法制度や社会のあり方に加え、ネット上のトランス差別の蔓延について当事者や支援者などが対応に追われるなか、二〇二〇年九月二十三日には、日本学術会議が提言「性的マイノリティの権利保障をめざして（Ⅱ）――トランスジェンダーの尊厳を保障するための法整備に向けて」を発表し、手術要件など問題が多い現行の性同一性障害特例法を廃止し、「人権モデル」に基づく法制度の導入や包括的差別禁止法の制定などを提言した。だが二〇年ごろには、性同一性障害特例法の「手術要件」完全撤廃に反対するシスジェンダー女性や男性学者による団体が山谷えり子議員らにはたらきかけをおこなっていたという（前掲「これは闘争、ではない」)。

二〇二一年に入ると、一年間延期された東京オリンピック・パラリンピックを目前に控え、LGBT理解増進法案に向けた議論が本格化した。二一年四月にはLGBT理解増進会代表理事で、自民党特命委のアドバイザーでもある繁内幸治が特命委会合でトランス批判をおこない、野党案の「性自認」ではなく「性同一性」を使うことを主張した(同誌)。自民党右派と近い八木秀次麗澤大学教授は特命委でも講師を何度か務めていて、「正論」二〇二一年七月号に「理解増進法は人権擁護法案のLGBT版だ」という記事を執筆。そのなかで八木は「トランス女性は女性」という立場は「トランスジェンダリズム」だとして、法案が通れば「トランス女性」のトイレや銭湯への入場を認めないと差別とされるとか、女子大への入学や女子スポーツへの参加問題に言及し「女性を危険にさらす可能性もある」と述べた。

こうして「性自認」が「一気に政治問題化」(前掲「これは闘争、ではない」)するなかで、二〇二一年五月十九日、自民党内の会議で、山谷による「体は男だけど自分は女だから女子トイレに入れろとか、アメリカなんかでは女子陸上競技に参加してしまってダーっとメダルを取るとか、ばかげたことはいろいろ起きている」という、アメリカを事例に出したトランス差別発言が飛び出した。結局、このときのLGBT理解増進法案は自民党内右派の反対が強く、二一年六月に稲田朋美ら自民党の推進派議員は法案の提出を断念するに至った。

このころから法案や条例に「性自認」の文言が入ることへの批判が右派論壇でも目立つようになり始めた。「正論」「WiLL」「Hanada」などの右派論壇誌で、ジャーナリストの山口敬之、産経新聞社編集委員の阿比留瑠比らの論者がLGBT理解増進法案批判を展開し、そのなかで同法案への動きの中心的存在だった(元来は右派の議員である）稲田朋美も激しい批判を浴びた。そして、「性自認」批判はヒートアップしていき、特に「トイレ問題」や「女子スポーツ問題」に焦点化していった。ＬＧＢＴＱ＋批判の中心的な論者である八木秀次も、二〇二二年七月に可決された「埼玉県性の多様性を尊重した社会づくり条例」について、「産経新聞」などの媒体で、「性自認」が「女性の権利を侵害する」と主張するなど、いままで以上に「性自認」批判の論調を強めていった。

二〇二一年九月十八日には、「ＬＧＢＴ法案における『性自認』に対し慎重な議論を求める会」だとする「女性スペースを守る会」（山田響子、野神和音、森谷みのり共同代表）が発足し、事務局は滝本太郎弁護士の事務所に置かれた。同会が配布するパンフでは「『性自認』を法令に入れてはいけない」とし、「性自認」を導入すると「女性トイレがあやうく、また女子スポーツが崩壊」するとしている。同会は設立以降、声明の発表、署名活動、集会の開催、抗議文や要請書の送付や訴訟の提起など、さまざまな活動を展開している。

さらに同年十一月二十五日には、「女性スペースを守る会」のほか、芙桜会（近藤聡代表理事）、日本ＳＲＧＭ連盟（日野智貴代表）、白百合の会（森奈津子代表）の四団体が「性自認の法制化等についての四団体の共同声明」を出した。声明では「市井の女性を中心とする団体」や同性愛者、性的少数者の当事者の団体であることを打ち出しながら、トランスジェンダーの人々については分けて考え、「性自認」について法制化すべきではないという主張をおこなっていて、記者会見も開催した。この会見について「世界日報」は「性的少数者を中心とした四団体」として好意的な記事を出している（森田清策「［記者の視点］一枚岩でない「ＬＧＢＴ」」「世界日報」二〇二一年十二月十一日付）。さらに二〇二二年七月の参院選前に、フェミニスト作家として知られる笙野頼子が「一点共闘で一票」としてトランスジェンダーについて発言した山谷えり子に投票すると宣言して波紋を呼んだ（「お元気ですかまたしても、……（2）」二〇二二年七月十六日「女性の人権と安全のための言論空間 Female Liberation Jp」［https://femalelibjp.org/nf/?p=815］［二〇二三年七月十日アクセス］）。

このように既存右派ではないところから「性自認」批判やトランスジェンダー排除言説が拡散されるなかで、「世界日報」もLGBT理解増進法案や埼玉県性の多様性を尊重した社会づくり条例など地域での条例などをめぐる展開も追いながら、二〇二一年にアメリカでバイデン政権が発足して性的マイノリティに関する政策がトランプ時代から転換することに危機意識を募らせ、「バイデンのアメリカ　先鋭化するリベラル路線」や「アメリカLGBT事情」などの連載も掲載し、さらに、前掲『「LGBT」隠された真実』を二〇二二年に出版した。こうした一連のキャンペーンのなかでもトランスジェンダーをめぐる問題を「アメリカの混乱」の象徴として多く扱いながら、LGBとTは分離すべきと主張している。

二〇二三年、首相秘書官の同性愛・同性婚への差別発言がきっかけになり、広島でのG7サミットが迫るなか、再び「LGBT理解増進法案」制定議論が起きた。「女性スペースを守る会」は、「WiLL」や「正論」などの右派論壇誌に登場し、同会など四団体による記者会見は「産経新聞」や「世界日報」で報道されている。また、二三年五月一日付で出された「女性スペースを守る会」の森谷みのり、滝本太郎、作家の笙野頼子、森奈津子、APP研の学者である森田成也や中里見博らを呼びかけ人とする「「性自認」法令化に反対する声明」は、「産経新聞」系の「夕刊フジ」で好意的に報道された（「LGBT理解増進法案　自民修正案、来週提出も「ごまかし」の声　左派学者らも「慎重審議」呼びかける声明　宮田修一氏が最新状況報告」「夕刊フジ」二〇二三年五月十一日付［https://www.zakzak.co.jp/article/20230511-WXB5QI6CYNKFJNFBD37AXRKJQU/］［二〇二三年七月十日アクセス］）。

八木秀次は、日本政策研究センター「明日への選択」で、「性自認」について、アメリカの「女性専用エリア」問題やスポーツ参加問題などを挙げて「トランス女性が女性の権利を侵害する」として、LGBT理解増進法に反対した（八木秀次「かくも危険なLGBT「理解増進法」」「明日への選択」二〇二三年四月号、日本政策研究センター）。「世界日報」も五月七日付の「社説　LGBT法案　法秩序の破壊につながる」で、まず先に「法案に対しては、自民党保守派を中心に強い懸念の声が上がっている。特に問題なのは「性自認を理由とする差別は許されない」との文言だ」と「性自認」問題を挙げている。日本会議から配信される「平河町通信」の第二十四号「LGBT法案を葬れ！」でも、真っ先に問題だとされたのは「性自認」だった。

「女性スペースを守る会」や、左派やフェミニストを自認する論者も、既存の右派論者や団体と同様に、「市井の女性」やその代弁者を名乗りながら、「性自認」に関する「定義が曖昧」「女性スペースが守られず女性が危険にさらされる」「女性の権利が侵害される」などと主張していて、批判の内容は共通している。「性自認」をめぐって、かつては右派の「バックラッシュ」に批判的だったり、宗教右派勢力を批判してきたはずだった論者らと「バックラッシュ」を先導してきた右派による事実上の共闘状態になっている。

G7広島サミット開始一日前の五月十八日、与党が右派への配慮から「性自認」を「性同一性」に差し替え、二年前の超党派議連の法案から大幅に後退したLGBT理解増進法案を国会に提出した。さらに日本維新の会と国民民主党は「性自認」でも「性同一性」でもない「ジェンダー・アイデンティティ」に差し替え、さらにマジョリティであるシスジェンダーへの配慮を盛り込んだ法案を提出。法案を審議した参院内閣委員会には、参考人として、自民党が「女性スペースを守る会」の滝本太郎弁護士、維新は作家の森奈津子と、「性自認」法制化反対の主張をおこなってきた論者を起用した。

また、理解増進法案成立後に設立された「全ての女性の安心・安全と女子スポーツの公平性等を守る議員連盟」（通称「女性を守る議連」）の設立総会には、櫻井よしこ、有本香らに加え、「女性スペースを守る会」の森谷みのりや滝本太郎が参加したことが報じられた。

理解増進法案をめぐって、LGBTQ＋、特にトランスジェンダー女性に向けたバックラッシュが激化し、右派メディアや、「Twitter」などでのオンラインのトランスバッシングも著しく悪化した。こうしたなかで、トランス女性の「女性スペース」利用に反対する動画を出し、LGBT理解増進法案の廃案を主張して「産経新聞」や「世界日報」などにも好意的に取り上げられた加賀ななえ富士見市議への支持をフェミニストの社会学者である牟田和恵が「Twitter」で表明。牟田は「多くの女性たちにとってペニスを公衆浴場で目にすることや、男性に見える人が女性トイレや更衣室にいること自体が恐怖なんです」などと書き込んだ（https://twitter.com/peureka/status/1630174081093103618［二〇二三年七月十日アクセス］）。また、同じくフェミニスト社会学者である千田有紀も、「Yahoo! ニュース」記事で、理解増進法案については維新・国民案が「相対的によいと思う」「とくに「すべての国民が安心して生活することができるようになるよう、留意する」という文言は評価する」と述べている（千田有紀「LGBT法案、「すべての国民の安全」は差別か？」二〇二三年六月九日「Yahoo! ニュース」［https://news.yahoo.co.jp/byline/sendayuki/20230609-00353172］［二〇二三年七月十日アクセス］）。そして、フェミニストの作家である北原みのりは千田の意見への批判は「キャンセルカルチャー」だとして千田への賛同を打ち出している（https://twitter.com/minorikitahara/status/1667768778292350976［二〇二三年七月十日アクセス］）。

これらの主張は、トランスジェンダー女性を「犯罪」の可能性とつなげて語り、性別を「肉体的な差異」

に還元し、シスジェンダー女性だけを念頭に「女性の安心」を打ち出すという点で、右派の主張とさほど変わらない。さらに批判を「キャンセルカルチャー」だとする考え方も典型的な右派の主張であり、数年にわたって超党派議連や当事者団体が議論を重ねてきたはずの超党派議連の「理解増進法案」についてさえも、「慎重」な議論や「丁寧な語り」が必要とされるという考えも、右派が繰り返してきた主張と重なる。

「バックラッシュ対抗」を掲げてきたはずのフェミニズム諸団体の動きもあまりに鈍い。法案をめぐる議論の最終局面になり、「LGBTQ+への差別・憎悪に抗議するフェミニストからの緊急声明」と題した有志による反対声明をフェミニズム系ポータルサイトの「WAN」が掲載した。さらに「WAN」が二〇二〇年八月に掲載した石上卯乃名義の「トランスジェンダーを排除しているわけではない」という記事がトランス差別的だとして批判を浴び、それを掲載したWANの立場も問われたことについて、記事掲載から約三年が経過した二三年七月十二日付で、当該記事の編集担当理事だった伊田久美子と古久保さくらが「記事掲載判断のお詫びと説明」文を発表した。また、当該記事の閲覧には「お詫びと説明」記事とほかの批判記事の閲覧を必須とし、かつ「閲覧注意!」という注意書き付きでの公開に変更した(https://wan.or.jp/article/show/9075#gsc.tab=0［二〇二三年七月十五日アクセス］)。だが、あくまでも編集担当の両理事による「お詫びと説明」であり、二三年七月二十四日現在、WANは団体として、上野千鶴子理事長名での経緯の説明も謝罪もしていない。そもそも「WAN」は二〇〇〇年代バックラッシュを経て、「バックラッシュへの対抗」をうたって作られたサイトだった。前述の緊急声明が「WAN」に掲載された六月十四日に、千田有紀は「WAN」の理事を辞める意思を伝えたことをブログで公表していて、いまも理事を務める牟田和恵も理事の辞任を表明して同声明への批判をツイートやブログでおこなった。「お詫びと説明」文書にも「記事の取り下げについては理事会合意に至ることができないまま」と書かれていて、内部で対立する意見があったことはうかがえる。だが、二〇二三年七月二十四日現在、WANは、団体としてトランスジェンダー・バッシングへの対抗を表立っておこなっていない状態だ。理事二人の「お詫びと説明」掲載を経て、今後、同サイトでトランスジェンダー攻撃や差別への対抗の動きをどのように展開していくのかが注目される。

同じく二〇〇〇年代はじめにバックラッシュ批判の声明や書籍を出すなどした日本女性学会や、「バックラッシュ対抗」をうたって作られたフェミニズム系メーリングリスト（ML）のジェンダースタディーズML（GSML）などもこうした一連のLGBT理解増進法案をめぐるバックラッシュの動きに対抗できておらず、ときには、トランスジェンダーの人々へのバッシング言説の拡散に寄与する場合さえある。

フェミニストの「バックラッシュ対抗」の問題点や限界、インターセクショナリティ（交差性）視点の欠落について、批判的な検証を十分おこなってこなかったことが深刻な影響を及ぼしているといわざるをえない。

「歴史戦」

二〇〇六年九月、安倍晋三が首相に就任した。第1部で触れたように、安倍は一九九〇年代から日本の戦争責任を否定する歴史修正主義の立場を打ち出す発言や行動をしてきた人物だ。そして就任後の二〇〇七年三月に安倍は「慰安婦」の強制性を否定する発言をおこない、国際的に大きな批判を浴びた。その年の一月、アメリカ下院議員マイク・ホンダが日本政府への「慰安婦」に対する謝罪要求決議案（百二十一号決議）をアメリカ連邦議会の下院に提出したことで「慰安婦」問題に右派の注目が集まり始めたころのことだ。そして、百二十一号決議案に対して、同年六月、すぎやまこういちや櫻井よしこなどの右派知識人らからなる歴史事実委員会が「ワシントン・ポスト」に「THE FACTS」と題した意見広告を出し、「慰安婦」募集に日本政府や軍の強制はなかったなどと主張した。こうした日本側の反応が逆効果になり、アメリカ下院百二十一号決議は可決された。右派はこの一連の動きに危機感をもち、右派メディアでの「慰安婦」関連記事もこの時期に急増した。

二〇一一年十二月、韓国・ソウルで水曜デモ千回を記念して日本大使館前に「平和の少女像」が設置されると、民主党政権下にあった日本政府が抗議し、撤去を求めた。これ以降、日本政府と右派は、海外に設置された「慰安婦」を記念する碑や像などへの反対・撤去要求運動を展開していく。

二〇一二年十二月には第二次安倍政権が発足した。首相就任後、政府が早速、「河野談話」作成過程の検証作業を始めるなど歴史修正主義の動きが再び活発になった。

このころから韓国やフィリピンなど日本軍「慰安婦」制度の直接の被害国に加え、アメリカやオーストラリア、カナダ、ドイツなどで「慰安婦」を記念する碑や像の設置が進められていき、日本政府や右派が反対していった。アメリカ・ニュージャージー州のパリセイズ・パークに二〇一〇年に建設された「慰安婦」の記念碑への抗議が皮切りとなった。一二年十一月には、歴史事実委員会が再びニュージャージーの地元紙に「Yes, we remember the facts」と題した広告を出し、これに首相就任直前の安倍晋三も署名している。第二次安倍政権以降は、海外に「慰安婦」の像や記念碑ができていくたびに日本政府が抗議し、右派が反対運動を繰り広げた。特に一三年に設置されたアメリカ・カリフォルニア州グレンデール市の「少女像」をめぐる反対運動は、日本人右派団体「歴史の真実を求める世界連合会」（GAHT）が同市を相手取って訴訟を起こしたことなどもあり、注目された。また、一七年設置のサンフランシスコの「慰安婦」像をめぐり、大阪市が姉妹都市提携を解消したり、同年に設置されたマニラの「慰安婦」像は日本政府のはたらきかけの結果、翌一八年に撤去されるなど、像や碑をめぐる反対の動きは激化していった。

「歴史戦」とは、「産経新聞」が二〇一四年に始めた連載企画のタイトルがもとになり広く右派の間で使われるようになった言葉だ。右派は中国や韓国、および「朝日新聞」をはじめとする日本の左派が日本を貶めるために、「慰安婦」問題や徴用工問題、南京事件など歴史認識問題に関して不当に攻撃を仕掛けていて、それに対抗するために戦わなければならないとする。それを「歴史戦」と称して、その「主戦場」は主にア

図62　NHK 番組からのキャプチャー画像

メリカだと考えられていて、カナダ、オーストラリア、ドイツや国連などにも拡散している。この「歴史戦」に、「産経新聞」をはじめとする右派メディアだけでなく、日本会議や幸福の科学などの宗教右派、なでしこアクションやそよ風な

図63　パリセイズ・パークの「慰安婦」の碑（撮影：山口智美）

どの排外主義団体や「新しい歴史教科書をつくる会」などに加え、在外日本人の団体なども関わっていくようになった。一四年の「朝日新聞」による過去の「慰安婦」報道についての「検証」報道によって「朝日新聞」への大きなバッシングが起きて以降は、右派は日本では「慰安婦」問題については勝利したと考え、海外での「歴史戦」を本格化させた。

図64　アメリカ・ニュージャージー州の日刊紙「The Star-Ledger」2012年11月6日付に掲載された歴史事実委員会の広告
（出典：「脱植民地化を目指す日米フェミニストネットワーク FeND」〔http://fendnow.org/encyclopedia/yes-we-remember-the-facts-2012/〕［2023年7月11日アクセス］）

図65　グレンデール市の「平和の少女像」（撮影：山口智美）

「歴史戦」で日本政府が果たした役割は大きい。二〇二三年一月二十七日のNHK番組『ニュース シブ5時』での岩田明子記者の解説によれば、第二次安倍内閣で「政権の歴史認識に基づき事実を集めて検証を進め、国際社会の理解を得る目的」で「歴史戦チーム」を発足させたという。政府は一五年からは「戦略的対外発信」予算を大幅に増やし、海外への「日本政府の立場」の情報発信を展開しながら、海外の教科書やメディアへの記述や、南京大虐殺や「慰安婦」問題についての国連の「世界の記憶」登録への抗議をおこなってきた。

右派団体による北米や国連を舞台とした「歴史戦」活動

第一次安倍政権発足前後、「主権回復を目指す会」(二〇〇六年発足)や「在日特権を許さない市民の会」(在特会)(二〇〇七年発足)など、「行動保守」と呼ばれた排外主義運動が急速に広がった。行動保守は「慰安婦」問題を主要な運動テーマの一つとして位置づけ、「河野談話」の撤回に向けた署名運動や東京や大阪などでの「アンチ水曜デモ」活動などに取り組んだ。

二〇〇九年、「慰安婦」問題への取り組みがきっかけになり、行動保守系女性団体のそよ風、一一年からは在特会事務局長の山本優美子のもと女性団体なでしこアクションが発足。特になでしこアクションは「慰安婦」問題に集中的に取り組み、海外に設置された「慰安婦」碑への反対運動をリードした。

二〇一三年七月のグレンデール少女像設置に対して危機感をもった右派は、除幕式の前日に「「慰安婦の真実」国民運動」を結成。新しい歴史教科書をつくる会に事務局を置き、「慰安婦」問題に関わる比較的小規模な団体が加盟する連合体で、なでしこアクションやそよ風などの行動保守系団体やテキサス親父日本事務局、幸福の科学系・論破プロジェクトなどが含まれた。

図66　「少女像」建設計画があったカリフォルニア州ブエナパーク市に送付された論破プロジェクトのマンガ。幸福実現党の元マスコット「トックマくん」が表紙に描かれている（撮影：山口智美）

二〇一三年八月設立の論破プロジェクト（藤井実彦代表）は一五年一月、フランスでのアングレーム国際漫画祭で「慰安婦」を否定する内容の展示を企画したが、中止に追い込まれた。この動きにはユーチューバーのテキサス親父ことトニー・マラーノや、テキサス親父日本事務局の藤木俊一も関わっていて、これ以降、藤井、マラーノ、藤木らは「慰安婦」問題をめぐる海外での「歴史戦」で目立つ役割を果たした。

二〇一四年以降、「「慰安婦の真実」国民運動」はジュネーブやニューヨークでの女性差別撤廃委員会、女性の地域委員会などの国連関連会議に代表団を派遣。「テキサスナイト」と銘打ってニューヨークで在米日本人向けのイベントを開催するなど、「慰安婦」否定論の発信を続けた。

「邦人がいじめられている」言説と右派による裁判

『正論』二〇一二年五月号に岡本明子による「米国の邦人子弟がイジメ被害――韓国の慰安婦反日宣伝が蔓延する構図」という記事が掲載された。パリセイズ・パークの「慰安婦」碑によって、在米日本人へのいじめが起きているとした記事だが、具体的証拠は提示されていなかった。この記事の掲載後、在ニューヨーク日本総領事館がパリセイズ・パークの行政当局に抗議し、同年五月、古屋圭司、山谷えり子ら四人の自民党議員がパリセイズ・パークを訪れ、記念碑の撤去を要求するという動きにつながった。

これ以降、「在外日本人のイジメ被害」説はアメリカ、カナダ、オーストラリアなどの「慰安婦」の碑や像への反対運動のなかで使われ、日本でも拡散された。例えば右派のマンガ『マンガ大嫌韓流』（山野車輪、晋遊舎ムック〕、晋遊舎、二〇一五年）や『日之丸街宣女子』（全三巻、岡田壱花作、富田安紀子画、青林堂、二〇一五―一八年）は少女像のために深刻ないじめが起きていると描いている。だが現地の日系人や日系団体はそうした話は聞いたことがないとしていて、グレンデール市警察や教育委員会もそのような相談は一件も受けていないという。

二〇一三年七月にグレンデールの少女像が設置された際に反対行動を起こした在米日本人や「新一世」（戦後の移民）らは、日本の右派論客や活動家らと「歴史の真実を求める世界連合会」（GAHT）を設立し、二〇一四年二月、GAHT代表の目良浩一らが連邦地裁と、のちには州地裁にグレンデール市を訴えた。裁判のなかで原告は「在米日本人のいじめ」説は主張しなかったが、日本での報道や集会などで「在米日本人のいじめ」説が盛んに言及された。訴訟は原告の完全敗訴に終わっている。

二〇一四年五月にカリフォルニア州サンノゼで「日本を思う在米日本人の会」主催の青山繁晴の講演会が開かれた。それが日本でテレビ報道され、青山は「全米で子どもたちが「反日」によるいじめ被害者になっている」と話したが、そのような実態はないと主催者から抗議を受けた。

図67　東京地裁前に掲げられた「朝日新聞を糺す国民会議」の立て看板（撮影：山口智美）

日本でも、二〇一五年、複数の右派団体が「朝日新聞」の「慰安婦」報道で日本人の社会的地位が低下し損害を被っているとして、朝日新聞社に損害賠償などを求めて東京地裁などに提訴した。「頑張れ日本！全国行動委員会」が中心になった「朝日新聞を糺す国民会議」や、日本会議の支持を受けた「朝日・グレンデール訴訟」などである。これらの訴訟では、在外日本人が主要な原告となり、「いじめ被害」を主張。だが結局、具体的な事例は提示できず、すべての訴訟は原告敗訴に終わった。

二〇一四年ごろから海外の日本大使館や総領事館のサイトに「歴史問題に端を発する邦人の方の被害に関する情報提供について」という案内が掲載された。一部の日本総領事館はニュー

図68 「朝日・グレンデール訴訟」特別報告会の案内チラシ
（出典：「朝日・グレンデール訴訟を支援する会」〔http://www.ianfu.net/contents/contents030.html〕［2023年7月10日アクセス］）

ジャージーのひまわりJAPAN（二〇一八、二〇一九年度）やロサンゼルスのJERC日米教育サポートセンターなどの民間団体に「いじめ相談窓口」を委託してきたが、これらはともに「慰安婦」否定の集会を開催す

図69　「ひまわり JAPAN」のいじめ相談窓口開設のお知らせ
（出典：「ひまわり JAPAN」〔https://www.himawarijapan.org/%E3%83%9B%E3%83%BC%E3%83%A0/%EF%BD%8E%EF%BD%99%E3%83%93%E3%82%BA%E5%BA%83%E5%91%8A%E6%8E%B2%E8%BC%89/〕［2023年7月10日アクセス］）

るなどの活動をおこなってきた団体である。こうした「情報提供」の結果、実際にいじめの事例があったという公表や報道はされていない。

海外居住者団体の「歴史戦」

「慰安婦」の碑や像がアメリカやカナダ、オーストラリアやドイツなどに設置され、それらの国々と国連が右派の「歴史戦」の「主戦場」だと目されるようになった。海外在住の日本人や日系人の一部は、碑や像の設置に反対する運動に関わり、団体も結成した。

南カリフォルニアで目良浩一らが二〇〇六年に結成した日本再生研究会や、一一年十二月に設立されたニューヨーク歴史問題研究会（高崎康裕会長）などが、主にバブル期以降に渡米した新一世による在米右派団体の先駆けで、勉強会や講演会などを開催してきた。

グレンデールの少女像の設置への危機感を募らせた新一世や在米日本人は、新たな「慰安婦」問題に取り組む団体を結成した。南カリフォルニアではTrue Japan Network（今村照美代表）や、目良浩一らによる「歴史の真実を求める世界連合会」（GAHT）が発足。GAHTは「「慰安婦の真実」国民運動」と近い関係を保ちながら裁判闘争、アメリカ各地や日本での集会の開催、ニューヨーク、ジュネーブなどでの国連関係会議への参加、他地域での「慰安婦」の像や碑への反対や公聴会などでコメントを述べるなどの活動をおこなった。目良がサンフランシスコの像計画についての公聴会で、元「慰安婦」を前にして否定論を展開した

23　www.nybiz.nyc　Saturday, September 9, 2017

NY歴史問題研究会

第60回例会（8月例会）
西岡力先生、高橋史郎先生
山岡鉄秀氏が講演

世界に広まったウソと戦いたい
西岡力・麗澤大学客員教授「慰安婦問題とは何か」

歴史力を磨く
会長　高崎　康裕
第1回
歴史の彼方の、凛然とした姿を求めて

第61回例会のお知らせ
明治の日本と日本人⑵
―乃木希典：自らの死で示した日本人への警鐘―
9月28日（木）午後6時半〜8時半（開場：午後6時）

ニューヨーク歴史問題研究会の紹介
本会は2011年12月に第1回の会合を開催してスタート。竹島、尖閣諸島、北方領土、慰安婦問題や南京事件の歴史認識の問題など、祖国日本が抱える諸問題に接するたびに、日本人として日本を愛し、近隣諸国とのやりとりに歯がゆい思いを抱いていたニューヨーク在住の有志が集って話し合い、日本の歴史認識に関する勉強をする研究会を発足させることとなった。研究会の例会は月に1回開催。講師は会員の高崎康裕氏が務めている。
会員になりませんか
入会のお申し込み／お問い合わせはwww.nyrekishikenkyu.org/まで

図70　ニューヨークのフリーペーパー「ニューヨーク BIZ」2017年9月9日号の「NY 歴史問題研究会」例会記事（西岡力、高橋史朗、山岡鉄秀による講演）（撮影：山口智美）

図71　ニューヨークのフリーペーパー「週刊 NY 生活」2018年12月1日号のなでしこアクション意見広告
（出典：「週刊 NY 生活」2018年12月1日号〔https://www.nyseikatsu.com/editions/704/704.pdf〕［2023年7月11日アクセス］）

際にはデイヴィッド・カンポス市議に「恥を知れ」と繰り返され、話題になった。

「朝日・グレンデール訴訟」は在米原告を募り、南カリフォルニアの住民が訴訟に参加した。また、同訴訟に関する集会を北米で開催する際に、ニュージャージーのひまわりJAPANやトロント正論などの団体が関わっていて、ひまわりJAPAN代表はのちに原告にも加わった。

カナダのバンクーバー近郊のバーナビー市で「平和の少女像」建設計画があった際にも、地元の日系市民が像反対期成同盟を立ち上げて署名活動をおこなうなど反対運動を展開。二〇一四年にオーストラリアのシドニーやストラスフィールドで「慰安婦」像設置の動きがあると、山岡鉄秀らの在豪日本人がJapan Community Network（JCN）を立ち上げて反対運動をおこなった。在外日本人らによる動きに呼応して、なでしこアクションは日本からの抗議メール送付を呼びかけ、「朝日新聞を糺す国民会議」や「朝日・グレンデール訴訟」では在外日本人原告が意見陳述をおこなったり、海外で日本の右派論者の講演会を開催したりするなど、在外団体は日本の右派と緊密な連携をとっていた。アメリカでの集会の開催にあたっては、幸福の科学の職員らが会場の予約をおこなうなどサポートをしていた。このような在外右派団体の活動を詳しく報じたのが、地域で配布される日本語フリーペーパーだった。

杉田水脈衆議院議員と「慰安婦」問題

二〇二三年現在、自民党衆議院議員である杉田水脈は複数政党を渡り歩きながら、右派に支持される活動をおこなってきたが、特に「慰安婦」問題の否定が活動の中心になってきた。

二〇一二年十二月、杉田は衆議院選挙で日本維新の会から議員に初当選。一三年十二月、日本維新の会の中丸啓議員、西田譲議員とともにアメリカのグレンデール市を訪問し、「平和の少女像」の撤去を要求。そして翌一四年二月三日、日本維新の会の議員として、衆院予算委員会でグレンデール少女像について質問し、右派の間で注目を浴びるようになった。一四年末には、「慰安婦問題とその根底にある報道の異常性」と題した論文で、アパ日本再興財団主催の第七回「真の近現代史観」懸賞論文の最優秀藤誠志賞を受賞している。

杉田は二〇一四年十二月の衆院選で次世代の党から出馬し、落選。その後の議員浪人時代、「慰安婦」問題をめぐる右派の「歴史戦」活動に積極的に関わった。「産経新聞」系媒体や「ジャパニズム」(青林堂)、「WiLL」「正論」などの右派雑誌での執筆や、右派動画配信への出演などもこなしていく。また浪人時代に書籍も出版したがその大部分が「女性」として「慰安婦」問題や歴史について語るというものだった。

書籍では「アメリカでもそうですが、慰安婦像を何個建ててもそこが爆破されるとなったら、もうそれ以上、建てようと思わない。建つたびに、一つ一つ爆破すればいい」と、海外での爆破テロを推奨するかのような発言もおこなっている（河添恵子／杉田水脈『「歴史戦」はオンナの闘い』ＰＨＰ研究所、二〇一六年、一四一ページ）。

さらに議員浪人時代には、「「慰安婦の真実」国民運動」の国連派遣団にも参加。また、右派団体が開催する海外での集会で講師を務めた。

二〇一七年十月、自民党の公認候補として衆院選比例中国ブロックに出馬し、当選。一八年には国会や「Twitter」、ネット配信などで、日本軍「慰安婦」問題や徴用工問題などについての研究への科研費の交付について批判し、中傷を重ねた。

杉田は二〇二二年八月、岸田内閣のもとで総務大臣政務官に就任したが、過去の差別発言が問題とされ、十二月、辞任に追い込まれた。だが、杉田の多数の「慰安婦」問題関連発言についてはメディアや国会で問題視されることはなかった。

杉田水脈の書籍リスト

杉田水脈『なでしこ復活——女性政治家ができること』（SEIRINDO BOOKS）、青林堂、二〇一四年
倉山満／杉田水脈『みんなで学ぼう日本の軍閥』青林堂、二〇一五年
倉山満／杉田水脈『日本人が誇るべき《日本の近現代史》——胸を張って子ども世代に引き継ぎたい』

図72　第1回ひまわり JAPAN 講演会
（出典：「ひまわり JAPAN」〔https://www.himawarijapan.org/%E9%81%8E%E5%8E%BB%E3%81%AE%E8%AC%9B%E6%BC%94%E4%BC%9A/〕［2023年7月10日アクセス］）

(Knock-the-knowing)、ヒカルランド、二〇一五年
河添恵子／杉田水脈『「歴史戦」はオンナの闘い』PHP研究所、二〇一六年

図73　左＝杉田水脈『慰安婦像を世界中に建てる日本人たち――西早稲田発→国連経由→世界』産経新聞出版、2017年、中＝河添恵子／杉田水脈『「歴史戦」はオンナの闘い』PHP 研究所、2016年、右＝杉田水脈／山本優美子『女性だからこそ解決できる慰安婦問題』自由社、2018年（撮影：山口智美）

杉田水脈『慰安婦像を世界中に建てる日本人たち――西早稲田発→国連経由→世界』産経新聞出版、二〇一七年

杉田水脈『なぜ私は左翼と戦うのか』青林堂、二〇一七年

マイケル・ヨン／杉田水脈／髙橋史朗／西岡力／徳永信一／山岡鉄秀『「慰安婦」謀略戦に立ち向かえ！――日本の子供たちを誰が守るのか？』明成社、二〇一七年

杉田水脈／櫻井よしこ『韓国人の皆さん「強制連行された」で本当にいいの？』扶桑社、二〇一七年

杉田水脈／山本優美子『女性だからこそ解決できる慰安婦問題』自由社、二〇一七年

杉田水脈／小川榮太郎『民主主義の敵』青林堂、二〇一八年

図74　杉田水脈の「Twitter」
（出典：https://twitter.com/miosugita/status/873119203783434242［2023年7月10日アクセス］）

歴史修正本などの送り付けとラムザイヤー論文問題

二〇〇七年のアメリカ下院百二十一号決議を経て、〇八年から「史実を世界に発信する会」（茂木弘道代表）が「反日プロパガンダ」に対抗するとして、英文メールマガジンやウェブサイトを開設するなど、右派による英語発信がおこなわれ始めていた。

第二次安倍政権以降、二〇一四年の「朝日」バッシングを経て日本での「歴史戦」には勝利したと考えた右派は、海外を「慰安婦」問題の「主戦場」として、英語での情報発信に熱心に取り組んだ。そして、日本語の書籍の英訳版や、自費出版の英文書籍、英文パンフレットを海外の研究者や海外メディアの特派員らに向けて送付するという活動を盛んにおこなうようになった。

二〇一五年、日本政府は「戦略的対外発信」と銘打って関連予算を前年度比で五百億円増額。対外発信拠点として「ジャパン・ハウス」（ロサンゼルス、ロンドン、サンパウロ）を設置するほか領土や歴史認識について日本の立場を発信し、「新日派・知日派の育成」を唱えていた。

また同年には、自民党の猪口邦子参議院議員が在米や在豪の日本研究の学者や日本の外国特派員らに向けて、自らの署名入りの手紙を同封し、産経新聞社『歴史戦――朝日新聞が世界にまいた「慰安婦」の嘘を討つ』（〔産経セレクト〕、産経新聞出版、二〇一四年）の英日対訳版『History Wars: Japan—False Indictment of the Century』（古森義久監訳、産経新聞社、二〇一五年）、呉善花『Getting Over It!：Why Korea Needs to Stop

Bashing Japan』（大谷一朗訳、Tachibana Shuppan、二〇一五年）の二冊と韓国批判の英文記事を郵送した。猪口は「自民党の対外発信の一環としてチームで取り組んだ」と語っている。だがこれらの書籍やパンフレットは学術とはほど遠く嫌韓や歴史修正主義のメッセージが打ち出された内容で、送付された学者らの批判を浴びた。

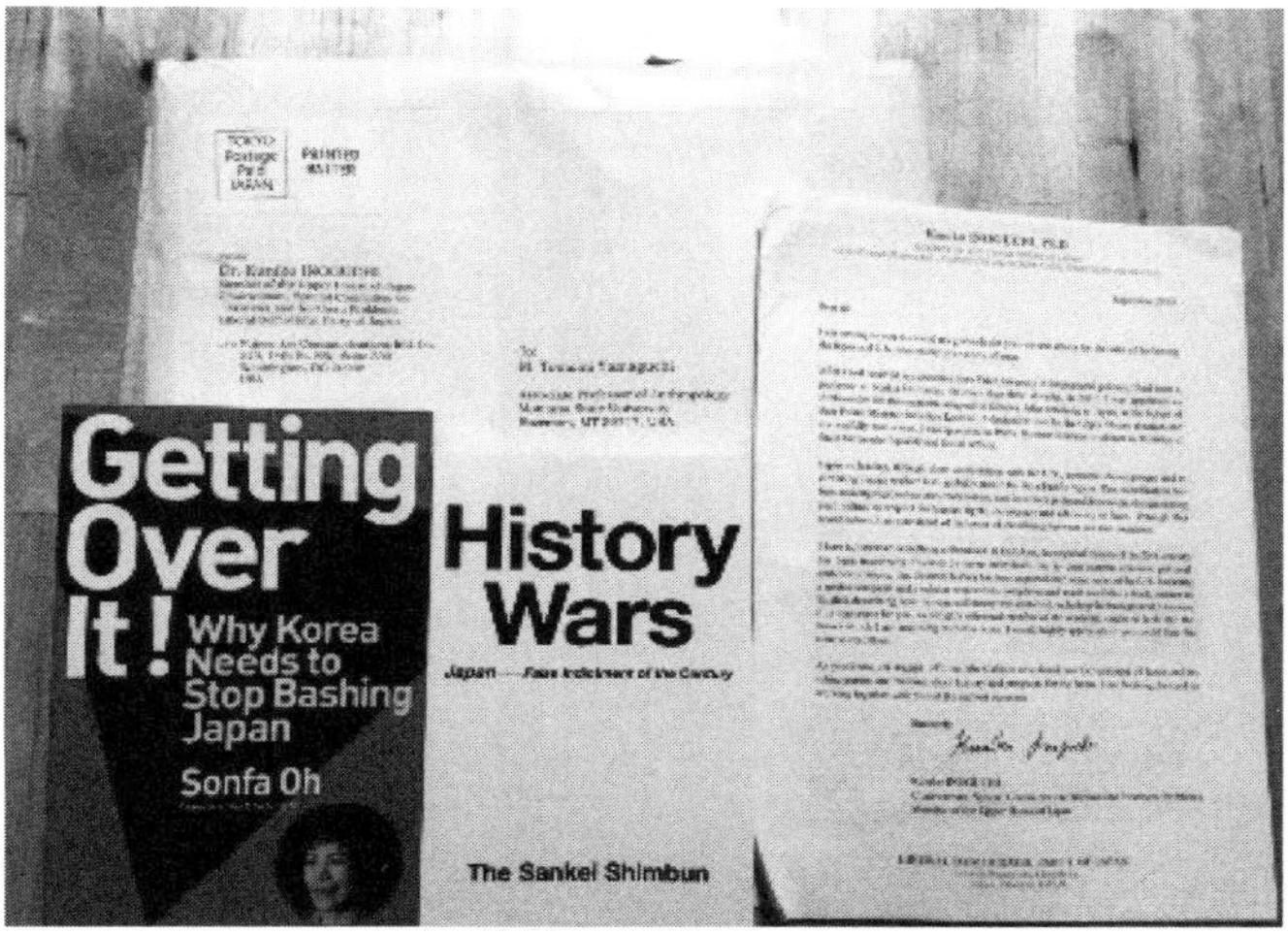

図75　猪口邦子議員から送られてきた書籍と手紙（撮影：山口智美）

「歴史戦」では、ユーチューバーの「テキサス親父」ことトニー・マラーノ、ライターのマイケル・ヨン、タレントのケント・ギルバートや、麗澤大学准教授のジェイソン・モーガンなど、白人男性のアメリカ人らが日本の右派の主張を発信する役割を果たしてきた。だが、彼らは日本人に向けた発信を担うことが多く、英語で右派の立場をとり、海外の学者やジャーナリスト、政治家らに説得力をもつ学術書や査読論文は不足していた。

そんななか登場したのがハーバード大学教授のJ・マーク・ラムザイヤーである。二〇一八年、日本政府から旭日中綬章を授与されたラムザイヤーの“Contracting for Sex in the Pacific War”（「太平洋戦争での性契約」）と題した論文が二〇年十二月に「International Review of Law and Economics」という学術誌のオンラインサイトに掲載された。「慰安婦」は、売春宿の業者と自発的に交渉をおこない契約を結んだとし、責任は日本軍や政府にはないとした論文で、歴史学者や経済学者、運動家、学生などから国際的に批判を浴びた。論文の内容が「慰安婦」否定論者の主張と重なることや、権威ある大学の教員が出した「査読論文」であることから、日本の右派はラムザイヤーを支持し、ラムザイヤー自身も日本の右派団体の集会でメッセージを出すなど、右派とつながり「慰安婦」否定の発信を続けている。

宗教右派と「歴史戦」

「歴史戦」でも宗教右派は重要な役割を果たしていた。在米日本人らを中心として二千百人あまりが原告になり朝日新聞社を訴えた「朝日・グレンデール訴訟」は日本会議が支援していて、同裁判の支援組織の代表は分裂前の生長の家出身で、「生長の家創始者谷口雅春先生を学ぶ会」にも関わる法学者の百地章だった。また、同じく生長の家出身の伊藤哲夫が代表を務める日本政策研究センターも、「朝日新聞」の「慰安婦」報道に関する独立検証委員会を後援。二〇一六年に西岡力、高橋史朗らが立ち上げた歴史認識問題研究会の本部はモラロジー道徳教育財団内に置かれていて、モラロジーの関連法人である麗澤大学にも、ジェイソン・モーガン、八木秀次など右派論壇で活動する学者が在籍している。

海外での「歴史戦」で重要な役割を果たしてきたのが幸福の科学だ。例えばアメリカでの集会の開催や、日本の右派のアメリカ訪問の際のサポートまで、幸福の科学の職員らが支えていた。ニューヨークで開かれた「テキサスナイト」のイベントには幸福の科学ニューヨーク支部の人物が登壇するなど、在米日本人コミュニティのなかで幸福の科学関係者らが動いていた。また、幸福の科学系・論破プロジェクトの藤井実彦は、アングレーム国際漫画祭への参加や、国連への右派の代表団への参加、「慰安婦」像への反対運動など活発に活動してきた。藤井は台湾の「慰安婦」像に蹴りを入れていたことが動画で発覚し、国際的な問題にもなった。

男女共同参画や性教育、LGBTQ+の権利へのバックラッシュについて大きな役割を果たしてきた統一教会だが、海外での「歴史戦」に関してはほとんど動きはない。二〇一六年八月にひまわりJAPANが主催し、当時浪人中だった杉田水脈も参加したニューヨークでの「朝日・グレンデール訴訟」関連の集会の会場は統一教会の施設だったことがわかっているが、これも単に会場を貸しただけという可能性もある。

統一教会系の新聞「世界日報」をみてみると、「歴史戦」について「産経新聞」などほかの右派メディアに比べると扱いは大きくはない。だが、日韓関係に関しては、「慰安婦」問題などの日本に対する請求権は一九六五年の日韓請求権協定で解決していて、二〇一五年の日韓合意でもそれは確認されたため日本国の責任は問わないという立場をとっていて（「社説」「世界日報」二〇二一年一月十三日付）、日韓関係について「過去回帰」ではなく「未来志向」であるべきと打ち出す（「社説」「世界日報」二〇二三年三月八日付）など、日本政府がとってきたスタンスと変わらない。

また、韓国国内で「偏った歴史観」に基づき「攻撃的な言動」で日本を批判し、「反日」世論を扇動して日韓間関係の改善を妨げているとして「革新系野党や市民団体、一部メディア」を批判していて（「社説」「世界日報」二〇二三年三月三日付、二〇二三年五月九日付）、日韓関係の悪化は韓国国内の左派のせいだとしている。

また、「慰安婦」問題については「朝日新聞」批判の立場を強く打ち出していて、「朝日新聞」による吉田証言の「誤報」「虚偽報道」のために「強制連行」説が広がり「我が国の名誉と対外信用が著しく傷つけられた」(「社説」「世界日報」二〇一四年八月九日付)としていて、これも自民党や日本の右派の立場と変わらない。少なくとも「世界日報」の発信についていえば、統一教会についてメディア報道などでよくいわれる日本人の植民地主義への贖罪意識を高めているという方向性とは逆で、日本政府の立場を踏襲するものになっている。

「世界日報」は中国との「歴史戦」についてはかなり積極的に報道していて、「沖縄の歴史戦」「黒人差別をめぐるアメリカの「歴史戦」」など、ほかの右派よりも「歴史戦」の範囲を拡大して論じ、左派批判を展開しているのも特徴だ。

バックラッシュの政治を捉え直す

二〇〇六年第一次安倍政権以降、安倍が政権をとり、その後も影響力を保持しリーダーになった時期が長く続いた。その間、自民党政権は「家庭」を重視し、「家庭教育」を進め、さらには家族内で自助を掲げる改憲案を示してきた。選択的夫婦別姓は、二〇年の第五次男女共同参画基本計画に強い留保が書き込まれ、以前よりも後退している。

さらに安倍政権時代には、少子化対策として、雇用・労働環境の改善や子育て家庭への経済的支援ではなく、官製婚活やライフプラン教育の推進などリプロダクティブ・ヘルス／ライツをより阻害する政策が全国の自治体を通じて浸透していった。全国的にパートナーシップ制度が広がるのと裏腹に、自民党右派と宗教右派さらに右派の学者・知識人・メディアなどは強力な連携をとり、同性婚の法制化に反対し、LGBT法案をより後退させていった。二〇〇〇年代はじめのバックラッシュ時の右派は、男女共同参画や性教育を批判・攻撃し、安倍政権以降は「家族を大切に」という名目で実質的にジェンダー平等政策を後退させていくというように、ジェンダー平等政策に反対する点で首尾一貫していた。

しかしながら、官製婚活やライフプラン教育などジェンダー平等を後退させる政策に対して野党やマスメディア、市民運動などからも抜本的な批判が投げられることは少なかった。また、立憲民主党、社民党、共産党など、ジェンダー平等やＬＧＢＴＱ＋への差別解消、同性婚の法制化などを公約などで掲げる政党はあったものの、それが選挙の主要な争点になることもあまりなく、政策が追認された結果になっている状況だ。

安倍政権下では、日本の戦争責任を否定する歴史修正主義に基づき、「慰安婦」を記念する像や碑の設置に反対するなどの「歴史戦」の活動が、右派の政治家・知識人・ジャーナリスト、活動家らの連携によって激しく展開された。しかしこの動きについては、野党も大半のマスメディアも表立って批判することもほとんどなく、追認している状態だった。

菅・岸田政権とトップが変わっても、性や生殖、家族をめぐる政策ががらっと変わることはなかった。むしろ、杉田水脈を総務政務官に抜擢したことや、二〇二三年六月に成立したＬＧＢＴ理解増進法に修正を加えて後ろ向きの内容にしたことなど、岸田が安倍派に配慮するために事態はより複雑化し、以前よりも後退さえしている。

旧統一教会報道のなかで忘れられたジェンダー

安倍元首相の銃撃事件以後は、メディアの報道によって自民党と旧統一教会との関係が大きな注目を浴びることにもなった。それでも二〇二三年四月の統一地方選では、旧統一教会と関係していた議員の九〇パーセント超が当選し、統一教会批判の急先鋒だった共産党が歴史的な敗北を喫した。これまでの旧統一教会報道は有権者の投票行動にほぼ影響を与えなかったことになる。

結局、統一教会と政治家のつながりにはスポットが当たったかもしれないが、そのつながりが政策にどう影響を与えたかという論点には有権者の関心が向かわなかったということでもある。そして旧統一教会が近年最も熱心に取り組んできた政策課題は、同性パートナーシップ制度や同性婚法制化の阻止、家庭教育の推進などであり、ジェンダーやセクシュアリティに深く関連する課題だった。メディアの旧統一教会報道のそうした課題の扱いは弱かったといわざるをえない。

メディア報道は、政治家と旧統一教会とのつながりに関して、旧統一教会が「反社会的」組織だから問題だという論点で収束してしまい、旧統一教会が政治家と連携したことがどのような政策にどう影響を与えたか、といった政策への介入についてはなかなか議論が進まなかった。それに加えて、統一教会だけにスポットが当たり、同じ課題にときには共闘しながら取り組んできた日本会議や神道政治連盟などほかの宗教右派の活動は注目されず、温存された。

統一教会問題が「反社会的」な「カルト」問題として扱われ、目くらましになっていたぶん、神社本庁やキリスト教の一部などの既存宗教や、宗教法人以外で日本会議を構成する倫理修養系団体など、さまざまな宗教右派勢力が総体としてジェンダー、セクシュアリティ、家族をめぐる政策に影響を与えてきたことには注目が集まりづらかった。そうした状況のなかで、例えばＬＧＢＴ理解増進法案に関しては、神道政治連盟が積極的に反対に動いていたし、カトリックとの関わりが強い生命尊重センターが経口中絶薬反対の署名運動に取り組んでいたりもした。

旧統一教会以外の宗教右派と政治家との関係はどのようなものなのか、宗教団体が何を目指して政治家にはたらきかけをしているのか、またはたらきかけが実際、政策にどう影響を与えているのかについては、深く探求するメディアは少ない状況にある。

あとがき

本書では、一九九〇年代から現在までのジェンダー、セクシュアリティや家族についてのバックラッシュと宗教右派の関わりについて、性教育、選択的夫婦別姓、男女共同参画、家庭教育、少子化対策、LGBTQ＋や「歴史戦」など、さまざまなテーマをみながら振り返った。

二〇一二年九月二十六日、安倍晋三が自民党総裁選で勝利し、二度目の総裁に選ばれた。そして十二月末には第二次安倍政権が発足した。〇〇年代はじめのバックラッシュについて扱った荻上チキと私たちの共著の前掲『社会運動の戸惑い』の発売日は一二年十月三日で、ちょうどこの間の時期にあたる。執筆していたときには、第二次安倍政権時代がやってくるとは正直、全く予想していなかった。著者の私たちもバックラッシュは過去のことで、終わったものとして捉えていたし、当時私たちがインタビューをおこなった右派の人たちも同じ認識だったかと思う。

だが、二〇一二年、バックラッシュのリーダーだった安倍が首相として返り咲き、その後約八年にわたって、その座に就き続けた。安倍は二〇年九月に首相を退任したが、そのあとも自民党右派のリーダーとして権力を保持し続けた。二二年七月、安倍は銃撃され死去したが、二三年のLGBT理解増進法案をめぐって自民党右派が強行に反対し続けた状態や、岸田政権で差別発言を繰り返してきた杉田水脈が政務官に抜擢されたことなどからも、いまも「安倍的なもの」の影響が強く残っていることは明らかだ。

世論調査で圧倒的多数が支持しているにもかかわらず、自民党内右派への「配慮」のために、選択的夫婦別姓も三十年間たなざらしにされ、同性婚法制化の議論も進まない。さらに日本軍「慰安婦」問題などの「歴史戦」に至っては、自民党の方針と野党の立場、そして極右の歴史修正主義者の主張に至るまであまり違いはなく、日本の戦争責任を問う議論そのものが政治の場でもメディアでもタブー化されているという状況が続いている。そして最近の選挙で勢力を伸ばしているのは、日本維新の会や参政党など右派の政党だ。

バックラッシュ時代のデマや妄言が再び活用されている

第一次安倍政権が終わって収束に向かったと思われたバックラッシュは全く終わっておらず、安倍が再び国のリーダーになったことで主流化し、アベノミクスの経済政策として推進された「女性活躍」の陰に隠れて、よりみえづらく、わかりづらく、批判しづらいものに形を変えた。「男女共同参画」から「女性活躍」に変わっていくなかで、女性間の格差は増大し、「男女共同参画」の文言が使われることも少なくなり、政策は女性活躍や少子化対策中心になり、地方自治体の部署の名称からも「男女共同参画」は消えつつある。

そして、一九九〇年代からのバックラッシュで使われてきた流言やデマは、いまも生き残っている。例えば、日本軍「慰安婦」問題否定論の基本は九〇年代半ばにできあがったが、現在も使われ続けている。八木秀次が言いだした「カタツムリ論」は、二〇一五年の渋谷区のパートナーシップ条例を八木が批判する際にも持ち出されていた。

二〇〇〇年代はじめには、男女共同参画が実現するとジェンダーフリー社会になり、学校での男女同室着替えや男女共用の公衆浴場が導入されるといったデマに基づく論がまことしやかに展開された。右派はトイレ表示の色分けにもこだわった。二三年七月現在、LGBT理解増進法をめぐり、公衆浴場やトイレ問題をことさらに持ち出して「女性スペース」が脅かされるという論理のもと、トランスジェンダーの人たちが置かれた現実からはかけ離れた発信や議論がSNSでおこなわれ、政界にまで波及している。同年五月には埼玉県の高齢者介護施設にジェンダーレストイレとジェンダーレス更衣室が設置され、抗議した職員が退職を迫られたというデマもネット上で拡散し、埼玉県知事が訂正し、ウソだと判明するという事態も発生した（「埼玉のデマ拡散中「ジェンダーレストイレを迫られ退職」…事実確認してウソと判明　問い合わせ多く県庁迷惑」「埼玉新聞」二〇二三年五月十九日付）。

二〇〇〇年代はじめは「過激な性教育」と称して性教育へのバッシングがおこなわれていた。二三年、自民党によるLGBT理解増進法は後ろ向きの内容になったが、この法案についても「世界日報」は、「過激なLGBT教育の推進材料になるだろう」と法案の提出に反対した（「社説 LGBT法案 自民党は国会提出を考え直せ」「世界日報」二〇二三年五月十六日付）。今後LGBTQ＋に関する教育や包括的性教育がバッシングの対象になるだろうと思われる。

さらに二〇〇〇年代バックラッシュで、右派は男女共同参画やフェミニズムを「家族の解体」を目指す「マルクス主義」の「革命勢力」などとしてレッテルを貼り批判していたが、二三年現在、高橋史朗ら右派の論者が頻繁に言及する「グローバル性革命」や「ジェンダー・イデオロギー」にも類似している。

ほかにも、本書で扱いきれなかったが、バックラッシュ時の典型的流言の一つだった「男女共同参画予算は十兆円」説は、額こそ多少変わるときもあるが、「税金の無駄遣い」主張のためにいまだに流れているデマだ。実際には「男女共同参画推進関係予算」であり、その多くが高齢者関係の予算だった（荻上チキ「男女共同参画予算とはなにか」、双風舎編集部編『バックラッシュ！――なぜジェンダーフリーは叩かれたのか？』所収、双風舎、二〇〇六年）。男女共同参画センターも「税金の無駄」として攻撃の対象になった。現在、フェミニズム関係の所収、研究に科研費が使われることへの批判や、Colaboなどフェミニズム系の運動団体への税金支出批判などにも広がっている。また、Colaboや、出入国在留管理局の収容施設で亡くなったスリランカ人女性ウィシュマ・サンダマリさんへの支援団体が国会でまでやり玉に挙がっている状況も、以前から続く「慰安婦」支援団体へのバッシングと共通点がある。

このようにバックラッシュのときの妄言や攻撃方法のパターンが使われ続けていて、この三十年間でソーシャルメディアの影響力が大きく増したこともあり、デマ言説はより早く広く拡散されやすく、状況は悪化している。

右派の政治に活用される「女性」とフェミニズムの課題

ジェンダー、セクシュアリティや家族をめぐる課題について、右派は戦略として「女性」を前面に出して反対してきた。一九九〇年代からの選択的夫婦別姓についても、日本軍「慰安婦」問題をめぐる「歴史戦」でも、そうだった。日本会議系の日本女性の会から行動保守系女性団体のそよ風、なでしこアクション、統一教会系の世界平和女性連合、さらには「女性スペースを守る会」まで「女性」を打ち出している団体は多い。これらの団体が「普通の女性」「市井の女性」「普通の母親」などと自らを称し、女性の権利を打ち出しているかのようにみせながら運動を展開することも多い。また、杉田水脈のように「女性」を打ち出して活動しながら、性暴力被害者の女性を攻撃することで出世してきた政治家もいる。

「あの時フェミニズムはバックラッシュ対応に失敗したし、今もできていない」。二〇二〇年秋に発行されたフェミニズムの雑誌「エトセトラ」第四号の「女性運動とバックラッシュ」号に寄稿した際に私たちが書いた文だ。あれから二年半以上がたったが、「今もできていない」状況は変わっていないし、昨今のトランス差別の状況を考えれば、より悪化している。飯野由里子は、バックラッシュに対する批判で性別二元論そのものを問題視する視点が後景に置かれていたことがトランスヘイトにのっかってしまう「フェミニスト」の落とし穴になってしまったことを指摘した（飯野由里子「フェミニズムはバックラッシュとの闘いの中で採用した自らの「戦略」を見直す時期にきている」「エトセトラ」第四号、エトセトラブックス、二〇二〇年）。右派に取り込まれるフェミニストも出てきてしまい、単純に右派vsフェミニスト、という対立軸を立てることも困難になっている。

本書でみてきたように、右派は「ジェンダーフリー」にこだわり続けてきた。現在のＬＧＢＴ理解増進法をめぐる議論でも、八木秀次らによって「ジェンダーフリー」が批判の対象としてたびたび持ち出されている。二〇〇〇年代はじめのバックラッシュでは、多くのフェミニストは性別二元論にとらわれながらも、「ジェンダー」概念は守ると言っていた。あの時期のバックラッシュの際にも、実際にターゲットになったのはジェンダーだけではなく、「性的指向」が特に攻撃された宮崎県都城市の男女共同参画条例の事例からもわかるように、セクシュアリティに関することも攻撃されていた。攻撃されてきた日本軍「慰安婦」問題は、ジェンダーだけでなく、セクシュアリティ、民族や階層差別、植民地主義問題などにも関わることである。さらに性教育の現場などでおこなわれてきた実践が攻撃され、弱体化させられたことが何より大きかった。したがって、「ジェンダー」という概念への攻撃に問題を焦点化することには問題がある。だが、同時に、フェミニズムにとって「ジェンダー」概念は、生物学的本質論を超えて、社会的・文化的な性のあり方と性差別社会を変えるのは可能であることを示した非常に重要なものであることは確かだ。だが、現在、生物学的本質論にとらわれ、「ジェンダー」の理解がすっかりぶれてしまっているフェミニストたちがいる。「女性を守る」という大義名分を立てて、あるいは右派にとって望ましい特定の「女性」だけを「守る」という前提のもとにトランスジェンダー差別をおこなう右派陣営に、性別二元論に足をすくわれたフェミニストがなだれ込むという事態に陥っている。

そして、バックラッシュを進めてきた右派はさまざまに連携をとっているのに、フェミニズム運動の多くはそれぞれシングルイシューで戦っているという問題もある。日本軍「慰安婦」問題や在日コリアン差別、LGBTQ＋への差別などに十分向き合ってこなかったマジョリティのフェミニズムの問題が、インターセクショナリティ（交差性）の軽視や否定として表れている。さまざまな課題が山積みの現在、日本のフェミニズムは自らが抱えている状態にさえ向き合うことができず、危機的な状態にあるのではないか。

二〇〇〇年代はじめのバックラッシュのときに、フェミニストが右派を十分に分析できていない問題を私たちは指摘したが、その問題はそのまま変わらずにいまに至っている。これは他人事ではなく、著者の私たちも『社会運動の戸惑い』以来、十年にわたって、まとまった形でバックラッシュを追い、分析する著作を出してこなかった。『社会運動の戸惑い』の内容はもう二十年前のことであり、その歴史は重要だが、それがいまにどうつながっていて、現在、そしてこれからどうなるのか、どう変えていかなくてはならないのかこそが鍵になるのかと思う。本書がバックラッシュの歴史や現在についてのさらなる振り返りや検証が始まるきっかけになることを願っている。

本書をまとめるにあたっておこなったさまざまな調査にご協力くださった方々には、お名前をいちいち挙げることは控えるが、心から感謝している。そして無名で地味に研究活動を続けていた私たちのツイートに着目して『ポリタスＴＶ』に声をかけてくださった津田大介さんには、本書にもご寄稿いただいた。津田さんの企画力なしではできなかった本だ。そして、津田さんの「Twitter」での書籍化の呼びかけにいち早く応えてくださったのが『まぼろしの「日本的家族」』（青弓社）の編著者で編集者でもある早川タダノリさんと青弓社の矢野恵二さんだった。早川さんには内容などについて多くの的確なアドバイスをいただき、矢野さんは遅筆のため予定を過ぎてもなかなか仕上がらない原稿を本当に辛抱強く待ってくださった。心から感謝したい。

解説

津田大介

嵐のような反響――斉藤正美・山口智美両氏が出演した回を一言で評するならば、そうとしか言いようがない大きな衝撃だった。

筆者はネットのライブ配信番組の黎明期（二〇〇八―一〇年）から司会や番組制作に関わってきた人間だ。そんな自分からみると、いわゆる〝バズる〟番組には、①一般的に著名な人物が出演していて、②その人物が「放言系」であり、③チャットやコメントなど双方向のリアルタイム性を生かす、という三つの共通する要素がある。斉藤・山口両氏が出演した回は前後篇合わせて四時間以上にも及ぶ大学の集中講義のような内容で、およそ「バズ」や「エンタメ」とは趣を異にする教育的コンテンツだった。

異変に気がついたのは前篇の放送後、いつものように「Twitter」で番組の感想を拾ってリツイートしているときだ。明らかにいつもよりも番組の感想ツイートの数が多く、一つひとつの熱量も大きかった。自分が把握し、リツイートした番組の感想ツイートの数は約千八百ツイートにも及んだ。五日間という期間限定の無料公開ながら前後篇の再生数は合計で十万を超えた。いずれも二〇二〇年六月に『ポリタスＴＶ』を開始以来、歴代トップワンとなる数字だ。

視聴者からの反応で断トツに多かったのは「自分の知らないことばかりで衝撃だった」というものだが、これに並ぶ勢いで「これまで日本政治に感じていた言葉にできない違和感に、はっきりとした答えを与えてくれた」という反応も多かった。こうした反応の多さに、この三十年の政治報道でのジェンダー（あるいはジェンダーバックラッシュ）への視点の不在を見て取ることができる。

ただ、報道がこの間何もしてこなかったのかといえば、それも極端な評価だろう。斉藤・山口両氏が丹念にまとめた資料で紹介された個別の事例はそのつど報道されていたし、識者が論考にまとめたり、ネット上で議論になったりもしていた。しかし、それらはあくまで「点」でしかなく、社会的な広がりをもたなかった。

なぜ「線」が引かれなかったのか。それはひとえに斉藤・山口両氏が長年こだわってきた「ジェンダーの視点からあらゆる出来事を捉える」という意識がメディアに欠けていたからではないか。かくいう自分もここ数年ジェンダーの問題に関心をもって追いかけていたにもかかわらず、山上徹也容疑者による銃撃事件が起きるまで、宗教右派と安倍晋三一強政治をつなぐ線の「濃さ」に気づけなかった。間違いなく線そのものはみえていたはずなのにスルーしていたのだ。

斉藤・山口両氏の前後篇が話題になったことは、それまで「点」だった問題を「線」でつなげ、日本社会に通奏低音として鳴り響く得体の知れない存在――宗教右派の全体像を示すことにつながった。このことは、独立系メディアを運営する者としては誇らしかったが、あまりの反響の大きさに、やがて自分自身も戸惑い、途中からはその興奮よりもこれまで自分が十分に報道の役割を果たせてこなかったことへの忸怩たる思いのほうが強くなっていった。二十年前に起きたバックラッシュ以上にフェミニストやジェンダー研究者への攻撃が激化している現在の「Twitter」では、フェミニズムそのものが「偏った」思想としてテンプレ消費され、フェミニストの意見を無効化する動きが活発にみられる。そのような空気が蔓延していることが「点」に「線」を引くことを阻害し、宗教右派と政治の癒着という真の問題を覆い隠すことになったのだろう。「Twitter」で「自分の知らないことばかりで衝撃だった」「これまで日本政治に感じていた言葉にできない違和感に、はっきりとした答えを与えてくれた」という反応がとりわけ多かったことそれ自体が、言論空間としての「Twitter」の歪みと問題の根深さを表しているように思えてならない。

さて、斉藤・山口両氏出演の前後篇が話題になったことで、宗教右派と自民党の長年にわたる蜜月・もたれ合いの関係が既存メディアでも少しずつ報じられるようになった。最も精力的にこの問題を取り上げたのは「朝日新聞」だ。月に一度の連載企画「論壇時評」面（二〇二二年九月二十九日付）[1]では、林香里（東京大学教授）が山口氏の二〇一七年の論考を引用し「安倍政権のジェンダー政策への宗教右派の影響は今後、一層検証されるべき」と説いた。同紙面では、論壇委員の三浦まり（上智大学教授）が七月の注目「論考」として『ポリタスTV』の当該前後篇を挙げている。この欄は基本的に論壇誌やネットに掲載される論考が対象なので、動画番組が選ばれるのは異例のことだ。同紙は九月二十七日付「朝刊オピニオン」面で山口氏のロングインタビューも掲載している。[2]報道が旧統一教会だけを問題視するのではなく、宗教右派全体と政治の関係性を問うこと、地方の小さな動きも報じ積み上げていくことの重要性を語っていて、『ポリタスTV』の前後篇のエッセンスが凝縮された濃いインタビューになっている。

数は多くないが、地上波テレビでもこの問題を報じるようになった。二〇二二年七月二十八日にTBS系

『news23』に山口氏が、八月八日に日本テレビ系『情報ライブ ミヤネ屋』、十月二十九日にTBS『報道特集』に斉藤氏がそれぞれ出演。斉藤氏は七月二十九日に地元富山県のチューリップテレビ『ニュース6』に、八月五日と十九日に北日本放送『KNB news every.』にも出演している。目立つのはこれらくらいで、テレビでは両氏への取材はまだまだ少ないというのが正直な印象だ。

他方で、旧統一教会の地方議会や行政へのステルスな浸透を報じる報道は徐々に増えている。角田由紀子弁護士に宗教右派と政治の関係についてインタビューした「東京新聞」二〇二二年八月三十日付[3]、斉藤氏の地元富山県での統一教会の浸透を追った「読売新聞」東京版二〇二二年八月二十五日付、統一教会との関わりを知りながら関係を継続してきた複数の議員に証言を取ったNHK（二〇二二年八月三十一日）[4]、教団と政治をつなげる接点になった「友好団体」の問題を指摘した「朝日新聞」二〇二二年八月三十日付[5]、票をチラつかせて地方議員に近づき次第に抱き込んでいく生々しい手法をつぶさに報じた「朝日新聞」二〇二二年九月四日付[6]、九月十七日付[7]、九月二十八日付[8]、安倍元首相と旧統一教会系が共鳴した家庭教育支援法案の危うさを伝える「東京新聞」二〇二二年九月三日付[9]などは、各紙のデジタル版を契約していればいまも読むことが可能だ。本書との併読をおすすめしたい。

この問題に関する山口氏の論考が地方紙に掲載されることも増えている（「北海道新聞」二〇二二年九月二十九日付、「佐賀新聞」二〇二二年十月三日付ほか）。この問題で本当に深刻なのは、宗教右派が国政以上に地方議会や行政に浸透していることであって、それに警鐘を鳴らす意味でも、斉藤・山口両氏だけでなく、ジェンダー／フェミニズムの専門家が地方紙に論考を寄せていくことが今後より重要になっていくと思われる。

斉藤・山口両氏と評論家の荻上チキ氏が二〇一二年に共著で出版した『社会運動の戸惑い――フェミニ

ズムの「失われた時代」と草の根保守運動』（勁草書房）は、発刊後十年を経て異例の増刷になった。『ポリタスＴＶ』該当回を配信した時点ではまだ「Amazon」に第二版の在庫があったので、この番組が話題になったことで一気に注文が増え、増刷が決まったのだろう。埋もれていた優れたフィールドワークに光を当てて議論の質を高めることに貢献できたのは、メディア人として何よりの喜びである。

山上容疑者の安倍元首相銃撃事件によって蓋が開いたようにもみえる宗教右派と政治の関係だが、両者の蜜月がもたらすジェンダー問題への抑圧は、いまだ日本社会に暗い影を落としている。まだまだ長い戦いになるだろう。心折れずに長年この問題を追い続けてきた斉藤・山口両氏に畏敬の念を抱きながら、『ポリタスＴＶ』でも継続してこの問題を追い続けていきたい。

注

（1）林香里「日本の性教育に影響落とす特異な規定　性加害のない社会は知識がつくる」二〇二二年九月二十九日「朝日新聞デジタル」（https://www.asahi.com/articles/ASQ9X5GVYQ9VUCVL007.html）［二〇二三年七月十日アクセス］

（2）「ジェンダー政策への反動　文化人類学者・山口智美さん」二〇二二年九月二十七日「朝日新聞デジタル」（https://www.asahi.com/articles/DA3S15428302.html）［二〇二三年七月十日アクセス］

（3）「保守政治と「右派宗教」の罪　佐藤直子・論説委員が聞く――逆戻りした男女平等　弁護士・角田由紀子さん」二〇二二年八月三十日「東京新聞 TOKYO Web」（https://www.tokyo-np.co.jp/article/198867）［二〇二三年七月十日アクセス］

（4）「旧統一教会との関係　地方政治にも　信者の議員「理念広めようと」　議員「票を入れてもらわないと」」二〇二二年八月三十一日「ＮＨＫ政治マガジン」ＮＨＫ（https://www.nhk.or.jp/politics/articles/feature/88415.html）［二〇二三年七月十日アクセス］

（5）「旧統一教会と国会議員の接点　別団体と主張する「友好団体」のリスト」二〇二二年八月三十日「朝日新聞デジタル」（https://www.asahi.com/articles/ASQ8Z5FCMQ8VUTIL008.html）［二〇二三年七月十日アクセス］
（6）「教団側と地方政治、実態は　選挙で票ほしい、依頼を断れず　知らぬ間に、行事の実行委員に」二〇二二年九月四日「朝日新聞デジタル」（https://www.asahi.com/articles/DA3S15406588.html）［二〇二三年七月十日アクセス］
（7）「旧統一教会信者の自民市議「祝電だけで抹殺はおかしい」　証言と決意」二〇二二年九月十七日「朝日新聞デジタル」（https://www.asahi.com/articles/ASQ9J4KFMQ9GPTIL001.html）［二〇二三年七月十日アクセス］
（8）「封書に重鎮県議の名「出席しないと角立つ」　広がった教団側との接点」二〇二二年九月二十八日「朝日新聞デジタル」（https://www.asahi.com/articles/ASQ9X4HCBQ9BUTIL00N.html）［二〇二三年七月十日アクセス］
（9）「安倍元首相と旧統一教会系が共鳴した「家庭教育支援法案」の危うさ　地方でも推進し10県6市では条例化」二〇二二年九月三日「東京新聞 TOKYO Web」（https://www.tokyo-np.co.jp/article/199685）［二〇二三年七月十日アクセス］

[編者略歴]

ポリタスTV

ネオローグ（代表：津田大介）が運営する政治情報サイト「ポリタス」から派生したネット発の独立型報道番組。「ポリタス」編集長の津田大介がMCも務め、平日毎日午後7時から多彩な専門家をゲストに迎えて番組を放送している

[著者略歴]

山口智美（やまぐち ともみ）

1967年、東京都生まれ

モンタナ州立大学社会学・人類学部准教授

専攻は文化人類学、フェミニズム

共著に『ネット右翼とは何か』（青弓社）、『海を渡る「慰安婦」問題』（岩波書店）、『社会運動の戸惑い』（勁草書房）など

斉藤正美（さいとう まさみ）

1951年、富山県生まれ

富山大学非常勤講師

専攻は社会学、フェミニズム・社会運動研究

共著に『まぼろしの「日本的家族」』『国家がなぜ家族に干渉するのか』（ともに青弓社）、『徹底検証 日本の右傾化』（筑摩書房）、『社会運動の戸惑い』（勁草書房）など

[解説者略歴]

津田大介（つだ だいすけ）

1973年、東京都生まれ

ジャーナリスト、メディア・アクティビスト、「ポリタス」編集長／「ポリタスTV」キャスター

著書に『情報戦争を生き抜く』『ウェブで政治を動かす！』（ともに朝日新聞出版）など

宗《しゅう》教《きょう》右《う》派《は》とフェミニズム

発行――――2023年 8 月18日　第1刷
　　　　　　2023年12月13日　第3刷

定価――――1800円＋税

編者――――ポリタス TV

著者――――山口智美／斉藤正美

解説――――津田大介

発行者―――矢野未知生

発行所―――株式会社青弓社
〒162-0801 東京都新宿区山吹町337
電話 03-3268-0381（代）
http://www.seikyusha.co.jp

印刷所―――三松堂

製本所―――三松堂

ISBN978-4-7872-3525-1　C0036